仲間とともに育ちあう貝塚養護学校

寄宿舎のある病弱養護学校の実践記録

猪狩恵美子・楠 凡之・湯浅恭正
貝塚養護学校の実践を考える会 著

Ikari Emiko
Kusunoki Hiroyuki
Yuasa Takamasa

クリエイツかもがわ
CREATES KAMOGAWA

はじめに

大阪市立貝塚養護学校は、1948年に結核の子どものための大阪市立少年保養所附設貝塚学園として創設されました。以後、小児医療や社会的状況を背景に変化する病気の子どものための「寄宿舎のある養護学校」として、子どもの健康と発達、そして生活を守る確かな実践を蓄えてきました。

この本は、その実践を、これからの病気の子どもの教育に継承していきたいという願いをこめて、元貝塚養護学校の教職員・卒業生を中心にまとめたものです。

大阪市では2006年に貝塚養護学校の「児童生徒の入学停止」の決定が下されました。すぐさま保護者・卒業生・教職員は「貝塚養護学校を守る会」を結成し、存続を強く訴えてきましたが、その3年後に貝塚養護学校の歴史に幕がおろされました。

けれども、全国で不登校は依然として増加の一途をたどり、成人期のひきこもりが社会的な問題となっています。発達障害等の子どもと家族を支える教育実践は始まったばかりで、手探りの状態にあります。「子どもの貧困」「養育困難」が深刻化し、子どもの生活基盤を守り支えることは喫緊の課題です。

今こそ貝塚養護学校のような学校と教育実践が必要とされているのではないでしょうか。

貝塚養護学校の歴史を振り返ってみますと、社会的状況を背景に変化する病気や不登校、発達障害のある子どもを受けとめながら、一貫して「子どもに合わせた学校づくり」をめざしてきたといえます。特に、寄宿舎設置以後は、学部と寄宿舎が両輪となって、病気の子どもの発達保障を実現してきました。治療が終わって家庭に戻ると再発する子、治療費のことで治療半ばで退院する子——子どもの病気の背景には経済的な問題や家庭の養育環境の問題があります。完治ではなく「半健康状態」で退院していく子どもを守るために、集団生活を通して自律的生活態度を養う場が必要だ——そうした共通理解のなかで、1961年、寄宿舎が設置されたのです。

やがて、1980年代の半ば頃から、発達上の課題をたくさん抱えた不登校など、特別なケアが必要な子どもたちが、傷ついた心を抱えて最後の希望を託してやってくるようになりました。不登校が長引くと、家庭内暴力や問題行動が始まり、本人だけでなく家族も巻き込んで、その状況からの出口が見つからず悩みます。最大の支援者である保護者は、「学校なんて、教師なんて、子どもをわかってあげようなんて思っていない。私一人で頑張るしかない」と張りつめた日々が続きます。親も子も、ワラをもつかむ思いで貝塚養護に入学してきたのです。

貝塚養護学校での学びは、少人数による学習環境、ゆっくり、ゆったりとした時間の流れ、仲間の中での自分の発見に特徴があります。学習空白を補い、学ぶ方法を会得し、じっくり考える時間を保障する再学習でした。「勉強ぎらい」「学校不信」の子どもたちが「ゆったり感」「安心感」を得られたのは、自分に合わせた時間の流れ、自然に囲まれた広い空間と、異年齢集団の仲間があったからです。

入学と同時に寄宿舎生活が始まります。寄宿舎での日課は、起床から就寝まで、これまでほとんどしたことのない掃除、洗濯等の生活習慣の獲得と勉強という集団生活です。不登校であった子どもが、寄宿舎という「特別な」生活環境を選ぶのはなぜでしょう。親にとっても子どもにとっても、地元の学校や家庭がそれだけ切羽詰まった状態になっていたということ、同時になんとかしたいという願いをもっていたということです。そして、学部と寄宿舎で生活をともにしながら、教職員の子ども理解が深まっていくと、子どもの「おとな観」「学校観」が変わっていきます。親子が少し離れることによって、生活にゆとりが生まれ、保護者にも子どもへの素直な愛情や理解がはぐくまれます。子ども自身も、家族を見つめ直し、混乱と迷いの中で過ごしていた時期から自立への第一歩を踏み出すのです。

これまで「いじめ」の対象になっていた子どもも少なくありません。ある生徒は、入学するまでケンカをふっかけられても「我慢することで、相手の気持ちをそらしてきた。変わった奴と思われれば安全」と話しました。これまで、ほかの子どもと比べて「できない自分」「情けない自分」を感じながらどうすることもできなかった子どもが、同じように身体の弱さと心の弱さをもった子どもたちと一緒に過ごしていく中で、心身症状と向き合い、その苦しみや悲しみをわかり合うことができるようになり、生きることの喜びを心から楽しみ、自分自身を取り戻していきました。

近年、特別支援学校（病弱）では、１９８０年代以降の貝塚養護のように、発達障害が背景にある不登校や、学校不適応・生活困難等の二次障害としての心身症児の子どもの割合が増えています。一方、貝塚養護の統廃合のとき、大阪市が「病弱養護学校は不登校に特化した学校ではない。家庭・学校・地域で解決すべき」ことを理由にしたように、地域で解決すべきだという動きもみられます。けれども、地域の学校に移行するには、学校と家庭の両方での支援が必要です。入院期間も短くなり、症状が少し改善すると退院を余儀なくされる昨今、家庭・地域につなぐ中間の場、貝塚養護のような「寄宿舎のある学校」の役割は、ますます大きくなっているのではないでしょうか。

この本の第1部『生きづらさを抱える子どもの貝塚養護学校の教育実践』では、子どもたちの具体的な成長の軌跡を3つの事例を通して紹介しました。子どもの名前は仮名、掲載にあたって保護者の許可を得ています。また、卒業生が自分史として貝塚での体験をまとめています。生きづらさを抱えた子どもが仲間のなかで成長していく姿、学校と寄宿舎の教職員間で悩みながらも子どもの姿をしっかりとみつめ、子どもを信頼しながら進めてきた実践をまとめています。

第2部『病弱・身体虚弱教育と貝塚養護学校の歩み』では、貝塚養護の60年間の歴史を振り返るとともに、「学校づくり・授業づくり」で、その時々で変化してきた子どもの実態を受けとめながらつくってきた指導体制や学習内容とその考え方をまとめました。「寄宿舎での生活教育」は、寄宿舎での子どもの姿と、生活を通して子どもの発達を保障してきた教育実践、職員の育ちと職員集団づくりを紹介しています。なお、第2部の執筆は各章末掲載者が起筆、貝塚養護学校の実践を考える会の議論を経て確定稿にしました。

第３部『貝塚養護学校が問いかけているもの』では、「不登校の子どもと発達」「病弱指導」「生活指導」の視点から、３人の研究者が貝塚養護の実践の今日的意義を述べています。

貝塚養護学校はこんなにいい学校だった——という「昔話」ではなく、貝塚養護の子どもたちの育ちと実践が、学校・社会でインクルージョンがめざされる今日の実践への手がかりとなり、こうした子どもたちのニーズに応えるしくみづくりを考え合っていく材料になることを願っています。

２０１７年12月

猪狩恵美子・貝塚養護学校の実践を考える会

仲間とともに育ちあう貝塚養護学校　もくじ

第3部　貝塚養護学校が問いかけているもの

第1部

生きづらさを抱える子どもと貝塚養護学校の教育実践

第1部 — 1

「僕はダメ人間」から「人間復活宣言」へ

貝塚養護学校では、1970年代頃から不登校状態の子どもたちも対象にした教育を進めてきました。ここで登場するのは、小学校時代に不登校と肥満の状態にあった生徒・勉です。中学1年生に貝塚養護学校に入学してきましたが、入学後に「走ることすらできない自分」に、「オレ、人間じゃないな」と漏らすほど自分に否定的な見方をしていました。この勉が自立するためには、主訴の他に本人の内に隠されていた発達の課題を改善する支援が必要でした。勉は、福祉事務所（以下、福祉）、児童相談所（以下、児相）、保健所等の各機関と連携が取れる中で、貝塚養護学校から児童福祉施設に入所し、高校、そして大学進学へと夢を果たし自立することができました。

ここでは1990年代に取り組まれた勉の自立のプロセスを振り返り、肥満や不登校という心身の問題を抱える子どもたちに取り組んできた貝塚養護学校の実践の一つとして、「僕はダメ人間」から「人間復活宣言」へと自己理解を進めるために必要な課題を考えてみたいと思います。

12月暮れの木枯らしの吹く中、短パンに半袖シャツ、肩まで長く伸びた髪の勉は、肥満と不登校を心配した叔母の紹介で貝塚養護学校（以下、貝塚養護）の見学に母親とともに訪れました。その時の彼は小学6年生とは思えない体格でした。学校・寄宿舎の見学を一通り終え、運動場に出ると勉は周りの木々を眺めて何度も深呼吸をしながら、「太陽を見たのは本当に久しぶり」と笑顔を見せてくれました。

正面玄関

年が明け、入学相談時に母親は、これまでの辛かったできごとを話してくれるようになりました。アルコール依存の実父からの暴力と借金を多く抱えていて、学生時代に家を飛び出し、その後に結婚したこと。そして、勉を出産したが、家事や育児をうまくこなせなかったことなどを話してくれました。そして、夫からの暴力と勉にも厳しく当たることが続き、夜逃げ同然に親元近くに舞い戻り、親子2人で生活保護を受けながら生活するようになりました。その時勉は小学3年生で、転校時の勉の体重は80kgを超えていました。高学年になると体臭や周りからの視線やあだ名に傷つき、体育や行事では行動が遅れがちになり、服装や持ち物に他の子どもとの差がついてきました。母親によれば、勉は遅刻や欠席はありましたが、なんとか頑張って登校し、給食は楽しみにしていたようです。

不登校になる直接的なきっかけについて、勉は「小学校生活の中で修学旅行が一番辛かった」と話しました。持ち物から衣類まで他の子との違いがひどく、楽しいはずの修学旅行が地獄に感じられ、その時から学校に行かなくなったのです。

「絶対にあのことは忘れない」「もう僕は人間不信と学校不信の王様になった」と勉は悔し涙を浮かべながら話しました。

その後、昼間はひっそりとして音を立てず、テレビを小さな音で見るか、コタツで寝ているかの生活をしていました。歯磨きはいつしたか、風呂はいつ入ったか覚えていない状況でした。福祉から支給されるお金がある間は夜中にパンと飲み物を買いに外出し、食べられる時は一度に数枚のパンを食べ、お金がなくなると水を飲む生活でした。時々、近くに住む祖母が食料を夜中に届けに来ましたが、それ以外は担任の先生が訪ねて来ても絶対に戸を開けず、周囲と関係を絶った生活でした。

入学相談時に書いた勉の三つの願いは「早く大人になりお母さんを楽にしたい。家が欲しい。お母さんが幸せになって欲しい」であり、心配することは母親のことばかりでした。

入学相談時に計測した体重は114キロ、身長160センチ、腹囲130センチの超肥満でした。

貧困と被虐待が連鎖していました。

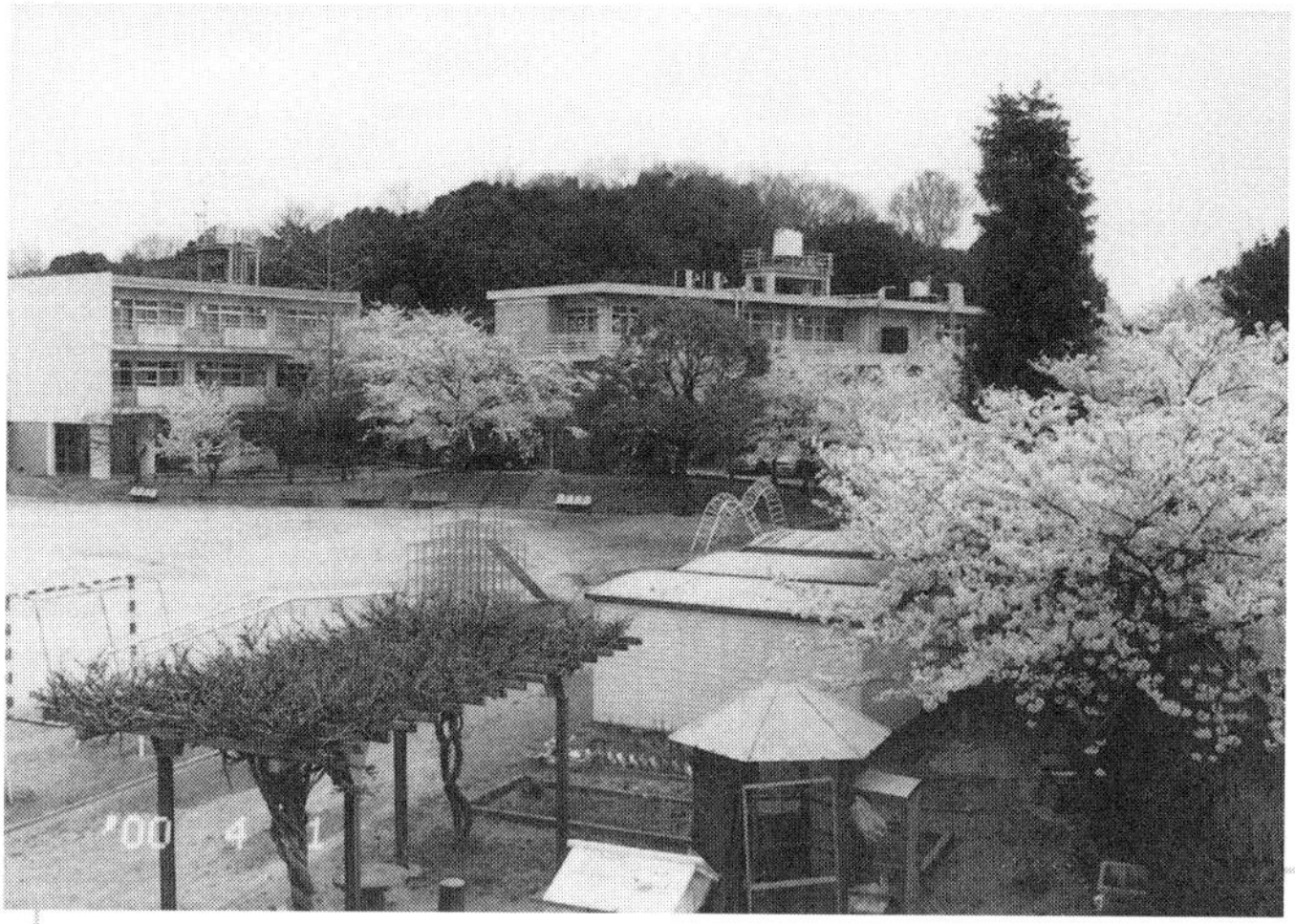

特別教室（左の建物）、寄宿舎（右の建物）、トトロの森（後方）

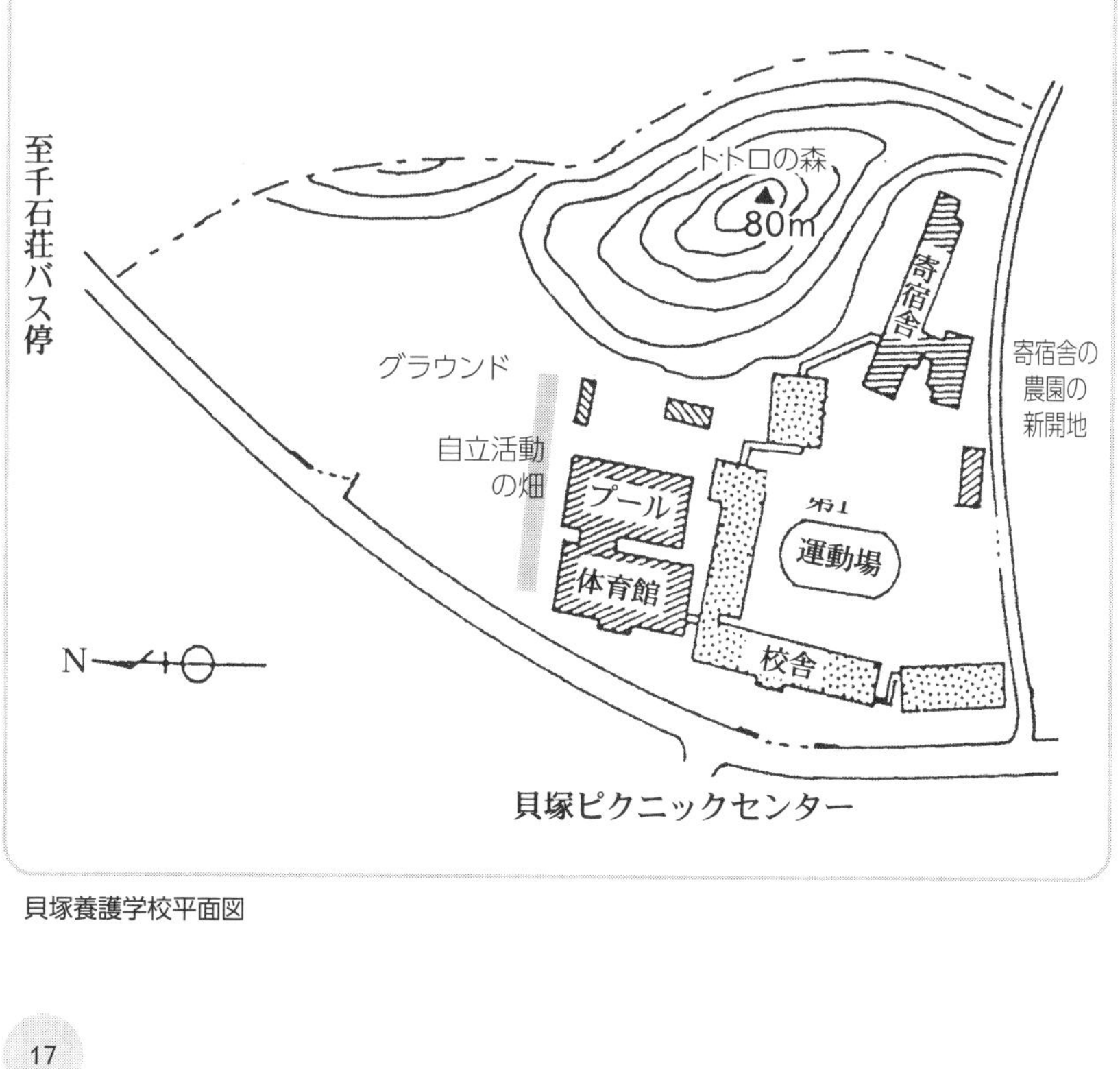

貝塚養護学校平面図

2 学校も寄宿舎も安心して過ごせる場となる

4月中旬、中学部1年で貝塚に入学した時の体重はさらに増え116キロ。勉1人のクラスでした。心配していた学習の大きな遅れはなく、また各教科とも理解は良く、進度に沿った授業を行うことができました。夜の延長学習にも出て、黙々と宿題に取り組みました。特に好きな英語には熱心で力が入っていました。

教室移動はゆっくりと歩きますが、すぐに息を切らし、階段は2、3段上っては休み、踊り場で休憩をとるなど動くのがしんどそうでした。「廊下は冷たくて気持ちいい」と寝転ぶ姿が見られました。教室の椅子からはお尻がはみ出して、1時間の授業を受けるのがしんどそうで「椅子に座っていると疲れる。壁にもたれて勉強しよう」と言います。翌週には「廊下で寝ながら勉強したら駄目ですか」との提案がありました。教師と勉の2人が廊下で勉強していると、教室移動の生徒が勉のお腹の上をまたいで行く。大きなお腹をポンポンと触る子に「今はひっくり蛙とあきれ蛙で勉強中です。邪魔しないでください」と言い返します。周囲の視線を気にせず安心して学習することができました。

勉の自立活動は、肥満児グループで活動し、ゆっくりしたペースではあるが、縄跳び、持久走、踏み台昇降等のサーキット・トレーニング、曜日ごとの運動を主体にしたゲームに頑張りを見せ、少しずつ肥満児訓練メニューをこなせるようになりました。放課後は運動場を何周も自分のペースで走り、終わった後は汗びっしょりでした。夕食後にも体重減少に向けて黙々と自主トレーニングに励んでいました。

入浴では、体が大きく、手の届かない背中を職員に洗ってもらいました。学習、移動や作業に勉のペースが保障され、基本的生活習慣を取り戻しつつありました。

3 生活の困窮と母親の不安の渦に巻き込まれて

5月の連休明けから貝塚に戻らなくなりました。急いで家庭訪問をし、その日は4回、家を訪ねましたが物音ひとつしません。翌日には家庭への電話が通じなくなり、前籍校と福祉に家庭訪問を依頼しましたが、勉と母親には会えませんでした。母親からは公衆電話で「勉はもう父親の元に行かせました」と連絡が入り、祖母からは「地元の学校に通わせる準備をしています」とつじつまの合わない話が相次ぎました。翌週、改めて担当の福祉職員と一緒に家庭訪問し、やっと玄関を開けてもらうことができました。

勉と母親から話を聞くと、貝塚に入学するにあたっての諸費用がかかり、生活費が底を尽き、寄宿舎に帰る（以下、帰舎）交通費すらない状況であることがわかりました。また、学校徴収金や積立金、寄宿舎寮費の支払いにも困り、さらに勉が寮生活をしたことで、保護費の一部減額が福祉事務所から知らされたことも重なり、悩んでいました。電話もガスも止まり、水道は飲み水にしか使っていない状況でした。この状況を解決する方法が見出せずに窮地に追い込まれていたのでした。

母親にとって愚痴をこぼせることのできた唯一の相手は勉でした。その彼が貝塚養護に移り、母親は毎日何をすることもなくうつうつとした生活を送っていたようでした。勉が帰宅した時が唯一心の癒される時間で、母親は、以前の生活に戻りたいとこぼしました。母親は自身の精神的な支えとして、勉を手放しがたく、「地元の中学校に行こうね」と貝塚に戻らないように誘いをかけていたのでした。

一方、勉は入学後に低学年の子から持ち物について何かといやみを言われたり、前籍校で見た校内暴力をあたかも自分がしたかのように自慢して話す上級生の和久におびえたりしていました。勉にとっては、不安や怒りといった感情を唯一、受けとめてくれるのが帰宅した時の母親だったのです。

この時の母子と学校で確認したことは3点です。

①学校・寄宿舎の金銭面で困ることがあれば直接、学級担任か寄宿舎部屋担任に相談し、勉を巻き込むことはできるだけ避けるようにする。

②交通費のあまりかからない、貝塚の近辺に引越しをすることも考えてみよう。勉にとって家族や社会的自立のモデルになるものを獲得する場になる施設も調べてみる。

③福祉、児相、保健所等と連絡し、お母さんを中心にした援助や方法を考えていこう。

費用については、とりあえず学期末の就学奨励費の支給の時点まで徴収を猶予し、支払いを急ぐものは担任が一時立て替えるので、金銭面で勉を相談相手としないことを提案すると、母親の興奮が収まり、母子一緒に寄宿舎に戻ることになりました。

勉とは、学校・寄宿舎で生じた問題だからこそ、貝塚に戻って仲間の中できっちりと話し合いをし、解決していくことを約束しました。そのためには、とにかく戻って自分の気持ちをしっかりと話さなければ解決できないことを了解してもらい帰舎することになりました。

車中、肩の荷が下りた母親は、実家のことや大阪に来るまでのことを詳しく話してくれました。学校に着くと勉に運動場のあちらこちらから「お帰り」の声がかかり、ほっとした様子で勉に笑顔が見え、普段の生活に戻ることができました。

私たちは、母親から「勉を父親の元に帰す」という言葉がでた時は、将来への見通しがもてず不安で行き詰まった時の母親からのサインとして受けとめ、対応することにしました。

4 母子寮に入った母親の不安と勉の心配

さっそく、生活保護の継続、諸経費の問題を、今住んでいる地域の福祉と児相、母子寮（以下、ホーム）のある市の福祉と児相。この二つの市のそれぞれと話し合いを重ねました。そして、梅雨前にホームを見学し、ホームの役割である母親の就労支援の説明を受け、入居できることになりました。

入寮にあたり寮長から改めて「ホームの役割は、母親の経済的自立の就労支援」であること、「共同生活する上での日課と6つの基本的ルール等」の説明と確認を母親と担任も含めて聞きました。母親はこれらの約束事ができるか不安が募るようで、言い訳のような言葉に終始しました、勉は真新しい畳とござっぱりした部屋に興奮の様子でした。その日はわずかな荷物ですが、担任が片付けをし、母親は今まで通りの生活ができるように室内を整えました。しかし、持ってきたテレビとアンテナ線の部品が違い、うまくつながらない、コタツの足が傾いていてきちんと設置できないなどのトラブルが続き、勉は少しいらつき気味です。明日、部品を持って来るという約束で了解を取り、勉はホームに残ることにしました。

翌朝、担任が部品を持って迎えに行き、部屋へ入るとウーロン茶だけがコタツの上に置かれて、寝ていました。昨日から何も食べていないとのことで、食料の買い出しに向かいました。勉から「部屋にあるのは塩、醤油とわずかな調味料だけ。油がないのでフライパンは使ったことがない。先生が今朝持って来てくれた野菜など料理できんかもしれん。お母さんは作られへんわ、きっと」と言います。「それなら、お昼の食べ物を何か買っていこう」と言うと「野菜のパックものを買っていい？お母さん、野菜を食べていないので。いつも野菜を食べよと言うけど食べへん。何もでけへんから洗ってすぐに食べるものしかあかんわ」と、思いは母親のことばかりでした。ホームに戻り、引き続き母親と勉と一緒に福祉に足を運び、生活保護の申請を済ませると、勉は安心して学校に戻ることができました。

5 貝塚養護の生活にゆとりができ、喜怒哀楽の感情表現が生まれる

間もなく水泳が始まるので、部屋担任に勉の体型に合わせた水着を縫ってもらい、試着すると「結構いけるわ」と嬉しそうでした。ついでに長い髪をきれいに散髪してもらい、さっぱりしました。

そのころ入学した年上の雄一と仲良くなり、夜の学習も一緒に参加して勉強にも熱が入ります。

周りの子と同様に職員をニックネームで呼べるようになると言葉遣いも悪くなり、悪態を突いてきます。作業もけっこう手抜きを見せ、怒りや葛藤、不安から自分を押し殺していた勉が、安心して感情を表現できるようになりました。

しかし、母親のことが心配で、「今どうしているやろか。食べたかな」と話しかけてきます。心配のタネであった生活保護申請の認可が下りたと福祉から連絡が入り、そのことを本人に話すと「帰宅してお母さんから聞くまで信じられない」と言いつつ、肩の荷が下りたようで穏やかな表情に変わりました。

ホームに転居して1か月あまり、帰宅前と帰舎後の体重変化が1日で1・0、1・3、1・6、0・9キロと減少が続いていました。ホームを訪ねると、母親から「お金のある時は門限を過ぎた夜中に外出し、コンビニでパンと飲み物を買って食べていた。お金がなくなった時は何も食べない。部屋が暑

体重の変化

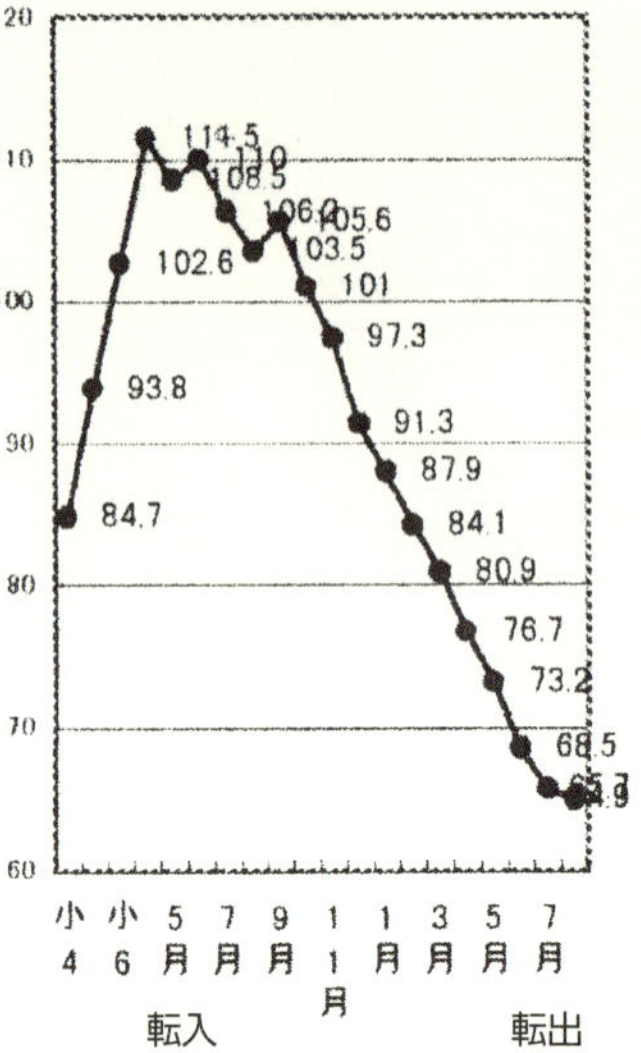

転入　転出

勉の開墾作業

くて我慢できないので2人で近くの公園で一夜を過ごし、夜明け前に部屋に戻る生活をしていた」と言います。母親は「ホームに居ると不安が襲ってくる。勉が帰ってくると安心できる」と話し、勉が毎週土曜日に帰ってくることでどうにか心のバランスを保っていたようでした。

ホームに帰っても食べる物はなく、絶食に近い状態で学校に戻って栄養をつける生活が続いていました。勉は「お母さんに栄養をつけ、食べさせたい」と希望し、校舎隣りの空き地を開墾しました。「肥満児訓練より3倍はきついわ。今週帰ったらすぐに寝てしまうわ」と言いながら1時間で1メートルほどを開墾し、数メートルの畝を1週間かけて完成させました。彼の希望するトマト、キュウリ等の野菜を植えつけました。

帰宅時には今日、持って帰るものはないかと職員に尋ねてきます。あった時は「ありがとう。助かる。お母さんも喜ぶわ」と受け取り、大事そうにカバンに入れて帰宅していきました。

帰宅途中、勉と大衆食堂に立ち寄ったことがありました。勉は「ここのおかず持って帰っていいかな？」と聞いてきます。尋ねると「お母さん、食事はよう作らんのや。冗談や冗談やで。気にせんといて」と。残念ながらその食堂は持ち帰りができませんでした。もう一度行く機会があり、勉は「ここのご飯おいしいわ。店の地図を書いて。お母さんに一度食べさせたいんや」と言います。食堂を出ると、「先生、ガム好き？ 待っとってや。これ今までのお礼や」と小さな財布の中から1枚のガムをプレゼントしてくれました。勉の母親を一途に思う優しさに胸を打たれました。

6 母子寮での母親の生活破綻から各機関との連携を深める

勉の体重減少と母親の就労の件で再度ホームを訪ねると、寮長より「生活を共にする母子寮では生活のルールに例外はない。例外を認めればホームが成り立たない」と言われました。ゴミを出さない、門限が守れない、一番大切な週1回のホーム職員と母親全員のミーティングに参加しない等の簡単な約束が守れず、他の家族との口論や衝突も頻繁にあるようでした。ホームの職員が母親の生活訓練として、料理を一緒に作ろうと誘っても部屋にも入れてくれないようでした。

ホームの基本的な生活が破綻していました。寮長からは「ホームを勧めてきたのは先生たちだから解決して欲しい」と言われました。また、「今は、勉君が帰ってきた時の仕事として、部屋の掃除とホームの子どもたちと関わることを目標にしています」と告げられました。

母親の精神的フォローとして、福祉から保健所医師との相談の機会をつくってもらいました。保健所の医師に母親の就労について尋ねると「働こうとすればできるが、職安から紹介された仕事も3日と続かなかった。ホームを出たい思いが強く、口で人を揺さぶっているが、何もできない。依存的性格で家族史と生活環境の問題が大きい」と言われました。福祉とホーム等の関係機関のケース会議で結論がでるまで、しばらくこのまま様子を見ていくことになりました。

学校は1学期の終業式を終え、午後には夏季林間学校に出発です。106キロある勉は以前から、その日に雨が降って登山が中止になることを願っていましたが、当日は朝から青空で絶好の登山日和となりました。登山では数歩歩いては一休みし、途中の高原で昼食をとりました。頂上に着いた時には他の子はもう下山の準備をしていました。ずっと引率した職員に「僕は欠陥人間。やせられるかな」としみじみと語りました。

7 夏休みは母親との距離をとり、他の家族を垣間見る

夏休みに入って勉の作っていた夏野菜を持ってホームを訪ねると、部屋の入り口にゴミ袋が置かれ、袋を動かすと虫がわいていました。料理をした気配はなく、野菜を渡せば腐らす結果になるので、以後は収穫した野菜を学級担任が買い取ることにしました。

登校日の後、勉と一緒にホームに行くと、ホームから、勉の状況について「夏休み中はホームと部屋の掃除をして欲しい、挨拶をして欲しい等の要望を伝えたが守られていないと、他の家族から

の苦情が寄せられている」と言われ、ホームを紹介した学校に再度、矛先が向けられました。それでもホーム職員が「勉君がホームに来たことで、他の家族の生活ぶりや就労の様子を感じ取れたのは一つの収穫ではないか」と評価してくれたことはせめてもの救いでした。勉の成長が保障され、母親が落ち着ける新たな居場所を探す課題を担任は背負うことになりました。

勉は母親と過ごす時間が長くなるにつれて、少しずつ一緒に居ることにしんどさを感じ始め、1人で、時には貝塚の気の合う生徒を誘ってプールに出かけたり、ブラブラと外出したりすることで母親との距離をとる方法を見つけ出していきました。

8 クラスの仲間が増え、学校が楽しくてたまらない

2学期に入り喘息、肥満と不登校、虚弱の生徒7名が次々と転入し、教室の雰囲気が一変しました。勉は授業では、少し先輩風を吹かし、率先して発言します。学級では「僕が言おうとしたのに茂君が手を挙げずに言いました」「僕に頼まれた仕事を良夫君が横取りしました」等、活気に満ちた学校生活が始まり、時に口喧嘩が続くと、清子が「うるさい。後でしばいたろか」と一喝し、静まり返ります。これまでの一人授業ではできなかった息抜きする「間」が生まれ、勉は肥満児訓練や学習に弾みがつき、学校がたまらなく楽しそうでした。

朝方冷え込むようになった頃、職員から布団をプレゼントされ「ウオォー。こんな綺麗な布団で寝るのは初めてだ」と遅くまではしゃいでいました。「いつまで騒いでいるんや。早く寝なさい」と

厳しく注意されても萎縮することはありません。

運動会前後には体重も100キロ近くまで減少し、夜の自主トレには毎日黙々と数キロを走りぬき、秋には5キロのマラソン大会にチャレンジし40分かけて完走できました。ギターの練習や和太鼓打ちに参加して仲間の輪が一気に広がります。

しかし、「ホームに帰って、お母さんからお金がないから就学奨励費の一部をもらってきて欲しいと、泣き言を聞かされるのはもう嫌やからな。僕が疲れて寝ているると、夜型人間のお母さんは眠れないので余計に話しかけてくる。この頃はホームに遅く帰って早く出て寄り道をして来る」と言います。他の子どもたちは帰宅して1週間の生活の疲れを癒し、息抜きできるのですが、勉には休まる時間も居場所もありませんでした。

9 母子寮から新たな居場所を見つけて

2学期半ば、ホームから「部屋からは異臭も虫も出始めています。また、下の部屋の天井が変色し始めている」と連絡が入りました。ホームを訪ねると「館内の電気点検があり、その方が入室した以外、誰も入室できず、中の様子がまったくわかりません。再三、部屋に入れて欲しいと頼みますが戸を開けてくれません。部屋を一度見て様子を教えてください」と言われました。部屋に入ると想像していた以上にホームの生活は行き詰まっていて、ホーム職員から言われた状況の意味がすぐにわかりました。

母親と勉を交えた期末懇談会で、母親から突然ホームを出て他の所に移りたいと切り出されました。

仕事を探し続ける覚悟も自信も不十分で、ただホームを出たい一心でした。ホーム職員と福祉関係者とよく相談するように話しました。

後日、母親と勉に、学校としての対応を厳しく迫られている現状を切り出し、これから肥満解消後の居場所をどこにするかを話し合いました。勉は「お母さんと一緒でホームは嫌です。ただ、ホームに居るから毎週きちんと帰舎できた。他の所に居たらおそらく頑張って戻ることはできなかったと思う。今は9対1でホームに居たい」と率直な気持ちを打ち明けます。

私たちは勉が今のまま母親と一緒に暮らすのでは先が見え、勉の夢をなくしてしまいそうで悲しく辛いと考えました。これからの彼の人生を考え、これまで関わってくれた人たちの助けを借り、お母さんもこれまでと同様の生活保護や援助が受けられるように福祉にお願いしていこうと話し合いました。

この時、母親は「子どものことを先生たちがこんなに考えてくれているのに、私は自分のことしか思っていませんでした。あともう少しホームで、辛抱してみます」と決意してくれました。

残された時間の中で福祉、児相、保健所の関係機関と連絡を取り合い、その都度、勉と経過を確認し、年末に各機関と個別の協議に入りました。保健所から「親から子、家から家、家庭から家庭に受け継ぐものは何もない。今、母親はどう生きるかわからず、自分のことしか考えられない。勉君は肥満解消後に福祉施設へ入所し、母子分離してあげるのが良い。特に自殺に巻き込まれる可能性を避けるため慎重に進めて欲しい」と言われました。

正月明け、ホームを訪ねるとホームの職員から「夏休みは、他の家族の生活や暮らしぶりをゆっくり見るゆとりもなく終わってしまったが、この冬休みはホームで暮らす他の母親たちの仕事、家族の一員としての仕事、生活の様子を自分の肌で感じとったことと思います。まだ、事務所の前を通る時は挨拶もなく、下を向きさっと階段を駆け上がってしまいますけど」と話してくれました。

正月には、父親と父方の祖母よりお年玉が届き、念願だった靴が買えて大変嬉しそうにしていました。

10 みごと人間復活宣言——学園（施設）見学が入所の決意となる

冬休み中に体重は2・2キロ減少し、91・3キロになりました。一月の半ば、夏季登山とは別の山（858メートル）の耐寒登山に出発。夏季林間登山でかなり苦労していたので、勉は非常に心配していましたが、全体から大きく遅れることもなく山頂に到着しました。「夏季林間学校から半年でみごと人間復活。だめ人間脱出」を宣言。「この頃、人生が面白くなってきた」と心境を話してくれました。

学園（児童福祉施設）入所も自身のこととしてよく考えていました。児相に行って学園見学の相談をしてみるかと尋ねると「それもいいかな。貝塚に通えたら一番いいけどな。前の自分には絶対ならへん。誓うわ」と自信のほどをうかがわせ、紹介された二つの学園を見学しました。勉は、学用品、弁当、衣類等、施設から高校に行けるかを尋ね、学園入所への覚悟がもてたようでした。けれども、一番心配であった「貝塚養護学校に通学できるか」と聞くと、どの学園も「校区の学校に通うことになる」という返事が返ってきました。

11 母が転居できたことで勉の肩の荷が下りる

中学校の2年生になった勉は「今のままだとどうにもならんしなあ。お母さんはあてにならんし、そばに居たらこれからどうなるかわからん」と、三つ目に見学した学園入所にぐらつくことはありませんでした。学園の中をじっくり見学し、学園の担当者と関係機関の人を交え昼食を一緒にとりながら、これから通う中学校の授業の様子やいじめはないか、掃除や洗濯といった生活、宿題をする時間や、わからなかった時はどうするか等の具体的な内容を質問しました。その受け答えをする学園担当者の雰囲気が貝塚とよく似ていることから、入所したい意思が固まりました。

ホームに帰ると、勉は母親に施設に入所したいとの意思を伝えました。今度は母親自身が決断を下す番です。勉の自立していく姿を受け入れられない母親は、1人ホームに残されるという不安に陥り、「2人で頑張ろうね」と引き止めようとしました。翌週には母親から「勉を父親の元に帰す」と四度目の連絡が入りました。母親には「ホームを出て別の住居を探し、生活保護も継続できるように今は福祉と話し合いをしているので、心配しなくていいよ」と伝えました。すると少し安心したようで、以前のような多弁で強い口調が消え、現実を受け入れる覚悟ができたのではないかと感じられました。

さっそく勉自身で児相に学園入所の申し込みをし、1か月後に入所の決定が下りました。入所日時は1学期の終業式を終えてすぐとの連絡が入り、学園と校区の中学校を訪ねました。校区の学校見学と授業参観をし、教科の進度を見比べていました。大勢の生徒がいるので勉は貝塚養護の時以上に頑張って勉強することを決意しました。

母親は勉の学園入所日より前に、望んでいた親元近くで、1人暮らしができるアパートに転居することができました。

12 猛勉強とアルバイトのハードな高校・大学生活

2年生の1学期終業式を終え、あわただしく仲間に見送られて貝塚養護の職員と学園に向かいました。身長167センチ、体重65キロ。1年4か月で身長は7センチ伸び、51キロの体重の減量に成功していました。

入所後は、年2、3回ある学園の行事に、貝塚養護の職員は家族のように母親と一緒に参加し、勉の成長を見守っていくことになりました。学園では「勉強にも生活にも頑張り、優しいので周りの子どもから慕われている」と報告を受けました。

希望の高校に進学でき、勉は大学に行こうと決意して、猛烈に勉強を始めました。高校では、彼の頑張りを支えてくれる先生に出会い、毎日、特別に「放課後勉強」をしてもらっていました。勉強が終われば、大学進学の資金を貯めるバイトをこなす生活でした。いつも前向きに頑張る姿に私たち貝塚養護の職員の方が励まされました。

みごと大学に合格し、一人暮らしを始めるための下宿探し、学園から下宿への引越し、当面の生活資金カンパを貝塚養護の職員に募って応援しました。勉の頑張りはこちらから支援したくなるほどにひたむきでした。

入学後は、勉強と学生生活のすべての費用を自分自身でまかなわなければならず、ハードな生活をしていましたが、常に前向きに人生を切り拓く姿勢は失われていませんでした。

13 やっとつらい時代を終え、希望の人生が始まったばかりなのに

勉は大学を出た後、久しぶりに貝塚養護学校に来校して元気な姿を見せてくれました。身長は伸び、体重は65キロと以前と変わっていませんでした。最近、母親と父親を引き合わせ、一緒にホテルで食事ができたと嬉しそうに話してくれました。また、彼女もでき「これからは2人で母親の面倒を見ていく」と胸の内を語ってくれました。

貝塚養護の思い出を「貝塚養護は転校しても気楽に来られる学校。その後、過ごした思い出の学園はなくなり、心に穴が開いたみたいでやはり寂しい。貝塚養護は絶対に残って欲しい。これまでは自分を縛って生きてきたからここまでこられた。自分には枠が必要だった。もう2度と失敗したくない」と言い切り、懐かしそうに校舎を眺め学校を後にしました。その夜は職員の家を訪ね「貝

塚養護の先生は公務員以上のプラスアルファのことを僕にしてくれた。これに報いるためには、社会に還元できる仕事がしたい。いつまでかかるかわからないけど、目標ができたから頑張れる。だから、見ていて欲しい」と真剣な表情でした。

ところが、しばらくして突然の交通事故で勉が亡くなってしまいました。やっと自分の人生が始まったばかりなのに残念と言うほかありません。

彼は、貝塚養護での基本的生活習慣と肥満児訓練で健康への自己管理ができ、成人になってからも標準体重を維持していました。放課後のギターや和太鼓を楽しむなど、活動の輪が拡大し、仲間と共有できる世界も広がり、対人関係は深まっていきました。また、母子寮で生活したことは、親や家族をもう一度見つめ直す機会となり、社会的自立に向けてのモデルを獲得していったといえます。

短かったけれども、勉の人生は、多くの生活の困難を抱えた子ども・家族が、心を開くことのできる学校・教職員との信頼関係を築き、必要な福祉による生活援助がつながることで、こんなにも豊かに歩み出していけることを教えてくれています。

（清水広美）

参考文献

第39回近畿・東海・北陸病弱虚弱研究連盟岐阜大会「肥満、不登校、被虐待のあったAさんの歩み」報告

清水広美（2003年）

第1部―2

僕のことわかって、こだわりと頑固さがあるけれど

21世紀に入って、発達に課題を抱える子どもたちの中でも、いわゆる発達障害のある子どもたちの理解はかなり進み、貝塚養護学校（以下、貝塚養護）でもこうした子どもの指導が大きな課題として取り上げられてきました。ここで登場するのは、運動や集団行動が苦手で、身辺の整理整頓が困難な弘志です。相手の感情を汲み取り、自分の気持ちを伝えることに困難さをもつ子どもでした。医師からは、アトピー性皮膚炎と喘息があり、肥満状態にある、そしてアスペルガー症候群という診断でした。

ここでは、2000年代に中学1年生で入学してきた弘志の生活づくりを中心にして、弘志が学校や寄宿舎での指導を通して、障害を抱えつつ仲間と過ごした過程を示しています。自分の課題を乗り越え、思春期の生活を安定させ、進路を意識するために仲間とのどのような学習活動や自治の活動が求められるのか、また保護者や医師との連携の課題についても考えてみたいと思います。

1 どこに行けばいいんですか？

お母さんの手記によれば、弘志は3歳で保育所に通いましたが、「みんなと一緒に遊ぶことが苦手で、一人で砂遊びするのが大好き。邪魔されたり、誰かが一緒に遊ぼうと寄ってくると泣いたり、砂をかけたりして先生を困らせていた」といいます。小学校に入ると「もめごとはますます増え、2年生の時は毎日のように担任から家に電話があり」、お母さんは「本当にしんどくて、情けなくて情緒不安定な日々が続き、将来を悲観して、息子の首に手をかけたことも一度や二度ではありません」と振り返っています。

小学校の5、6年生の頃になると、担任の教師から「地元の中学校に通うのは無理です」と言われましたが、教育委員会は「お宅の子どもさんは身体的・知的障害がないので養護学校の対象ではありません」と言うだけで、「では、どこへ行けばいいんですか、中学には行けないのですか、と詰め寄っても口を閉ざしたまま」だったと言います。そんな時、たまたま精神科の医師と出会い、貝塚養護学校を紹介されました。

「息子に、『どうする？』と聞くと即座に『行きたい、そこやったらいじめられへんやろ』と。涙が出ました」とお母さんは手記に書いておられました。

2 貝塚養護学校での生活のはじまり——集団に配慮して

医師の所見と入学相談資料を参考に、弘志の状態に配慮し、寄宿舎では、中学3年の優しい生徒2人と、弘志と一緒に入学した小学部の春樹との4人部屋で出発しました。

中学部の最初は、教師と1対1で学ぶ1人のクラスで出発しました。学習場面では大きな混乱はなく、興味あることには幅広い知識があり、質問もどんどん投げかけてきます。けれども、作業や文字を書くことは乱雑で、根気のいる学習は困難でした。2学期後半から3学期にかけ、知的な遅れと肥満の美佐子、不登校と肥満の真知子、不登校と心身症の一郎が転入してきました。真知子と一郎は、すぐに教室で授業を受けられず特別時間割で、弘志は美佐子と2人で学習することになりました。

玄関横の庭

(1)つまずきに配慮した学習とおだやかな集団

2年生になると、4月から真知子、6月から一郎が教室での授業に参加できるようになり、4人でのグループ学習が始まりました。弘志は小学校の算数の基礎につまずきがありました。真知子は高学年の学習空白があり、2人はまず小学校高学年の算数の復習を中心に学習しました。授業には担任のほかもう1人の教員が入り、一郎のもの静かな性格や真知子のかもし出す穏やかな雰囲気は、弘志をいらだたせることなく安心して話し合える関係をつくっていきました。「弘志君、すごいなあ。何でも知ってるなあ」と言ってくれる真知子からの高い評価が弘志のプライドをくすぐり、活躍できる授業になっていきました。

(2) 教科学習の様子

①英語――「なんで1人やのん」から「子どもに合わせた柔軟なグループ編成」へ

弘志は小学校で英語学習を経験し、英語が大好きで学習にスムーズに入っていきました。学年レベルの和訳は語彙力を駆使して簡単にでき、教科書に沿った勉強ができました。しかし、教師の説明や友だちへの質問の間が待てないという姿が目立ちました。学部全体の選択教科でも英語を選択し、転入生に対して「英語のできるオレ様と一緒についていけるかなあ」と自信をのぞかせていましたが、他の生徒との関係が心配されたために、おとなしい生徒とのグループにしました。しかし、ピリピリした不穏な空気が漂い、学習が困難となり、1人での個別学習に踏み切りました。

個別学習の進度は順調で、英語にますます自信をつけていくかのように見えました。しかし、「なんで、おれ、1人やのん」と繰り返し、顔を掻きむしり、金切り声を上げるようになって、テコでも動かなくなってしまいました。その様子に別室にいた生徒から「きょうは一緒にしよう」と声がかかりましたが、弘志は何も言わず、その時間はその場に立ったままでした。

弘志は、クラスメートの真知子に癒されていましたが、自分から周囲へ歩み寄ることがありませんでした。その彼が、授業のなかで「なんで、オレ、1人やのん」と異議を唱えたことは大切な一歩と評価し、グループ編成は子どもの状態に合わせ、最善の環境を提供するため、固定することなく臨機応変に解体と再編を繰り返していきました。

3年になっても、どの教科よりも英語への関心は高く、授業と関係ない場面でも未習の単語や文法も積極的に習得しようとしていました。一度耳にした単語や慣用表現も定着が早く、高校の範囲の単語や慣用句などにも取り組み、家では英語の歌詞を訳し、難しい単語などはインターネットで調べるなど、将来は翻訳の仕事に就きたいという希望を強めていきました。

②音楽——楽しい音楽に出会う

入学当初は、教室移動が困難で廊下をウロウロして音楽室もよくわからず、教科書を忘れることもありましたが、「あわてないで、ゆっくり取りにいっておいで」と、遅れたことや忘れたことを咎めないようにしていきました。歌うことを嫌がる様子はなく、時間中もイラつくことはありません。二段の楽譜や繰り返しのある楽譜は指でたどりながらゆっくり歌ってみるようにしました。すると、たいてい一度の模唱で、どの順序で歌うかを把握します。しかし、しっかりした歌声に反して表情は硬く楽しそうではありません。

真知子の提案で二部合唱をやってみることになり、弘志ははじめてのパートを正しいリズムで歌い、「すごい。前に練習した?」と聞くと、「初めてや。でも、楽譜を見ていると音符と音符の離れ具合で長さがわかった」。それを発見した眼力に驚かされました。

なかなか素直にものが言えなかったのに、「千円くれたら歌ったるわ。世の中、金や」と口にするようになり、音楽の担当教師は「よーし！　二千円で伴奏したる」などと応え、弘志は教師と笑顔で応戦ができるようになっていきました。楽しい音楽との出会いでした。

それでも他の生徒に、「なんで、そんなことがでけへんねん」、リズムのはずれた生徒に「うるさい、やめろ」と叫ぶこともありました。しかし、ある時、棚にあったドラムをみつけて興味をもち始め、ドラムの練習は放課後も希望し、熱心に続けました。それ以後、他の生徒への文句は減っていきました。心に溜まった鬱憤をドラムに思い切りぶつけられたのは、貝塚の広い敷地と雑木林に囲まれた空間だったからといえるでしょう。

③体育――からだの不器用さを乗り越えて

体育は中学部全員での合同体育です。弘志は体育が嫌いで、体育のある日には朝から体操服に着替えず、寄宿舎に戻って着替えます。その間の体育をさぼるためです。注意されると腹を立て、ぶつぶつ文句を言いながらゆっくり授業に戻っていました。運動が苦手で、「めんどい。なんで走らなあかんの？」となかなか列に加わらない。準備運動もぎこちなく、手抜きが見え見えなので円形に並んで、弘志のペースにみんなが合わせ大きな声を出し合うようにしました。すると、周囲をよく見て動くようになりました。

やがて、跳び箱はバランスの悪さが目につくものの、最上段を跳び、走り高跳びも着地にヒヤッとさせられるが、結構高く跳べるようになりました。バスケットボールは「コートが狭い。人がいつも動いている。人が入り乱れているからパニくる」と苦手で、ほとんど動きませんでした。

入学後、半年ほどすると周囲を見て判断できる場面も増え、楽しんでいるようにも見えました。

⑶自立活動

「表現活動」は、できるか・できないかではなく、主体的・意欲的に取り組むことを目標にしていました。貝塚祭に向けて、「南中ソーラン」に取り組みましたが、踊りの振付を簡素化したことですぐに覚え、時間の流れと、練習回数を知らせると、嫌な練習にもうまく参加できました。貝塚祭当日は、リズムに乗って手足もきっちり左右に伸び、どのポーズもバランスよく決まりました。堂々とした表情を見せ、弘志の自信がうかがえ、親はもちろん、ほかの保護者たちも感動しました。

「個別学習」は、順番に1人ずつ質問を受け、回答するという学習を行いました。「貝塚に来てよかったことは？」という質問に、いったん「わからん……」と考え込みましたが、「あ、全部や」と言い直しました。「嫌だったことは？」と聞かれて、「掃除、洗濯、後片付け」と即座に答えました。

「運動・身体表現」は、貝塚ルールと仲間の声援、教師も一緒に動くことを目標にしました。

弘志は、からだの動きや姿勢にいくつかの特徴が見られました。握りこぶしのまま、右腕は胸の位置へ、体重は左半身にという姿勢でバランスをとっています。筋緊張が強く、体全体の力を抜きにくい、スキップができない、前後屈にてこずっていました。

「バレーボール」は、小・中学部合同でソフトバレーボールを使用して行いますが、弘志は目の前にボールが来ても動けず、手さえ出ないのです。「ちゃんとやれ」と言われると混乱し、いろいろ言われると混乱が深くなるばかりでした。そこで、弘志には少し離れた場所から見守る時間をとりました。

団体競技では、ほかの子どもたちは弘志と一緒のチームを嫌がります。一緒に楽しんで参加できる雰囲気をつくるため「貝塚ルール」が必要でした。自分のコートの中であれば、どこからサーブをしてもよい、レシーブは回数に入れない等の「弘志ルール」が認められると安心したのか、仲間に入ることができました。

教師は一緒に参加しながら、運動の楽しさを示すという役割を大切にしていました。どの子にも、頑張っている姿には「ナイスプレー」と褒め、失敗には励ましの言葉をかけました。弘志はそのようなルールと励ましがあれば、いろいろな競技に参加できるようになりました。

⑷学校行事――親子一緒に楽しめた運動会

1年生の弘志に変化をもたらしたのは運動会でした。正規の練習に早朝や放課後の朝練も加わり

運動会・応援合戦

ます。好きなゲームの時間を削られた弘志はイライラがたまり身体を掻きむしり、応援練習で急な変更があると大声で怒り出しました。そのため、変更がある時は事前に連絡することを徹底した結果、落ち着きを取り戻すことができました。

応援合戦ではダンスをします。弘志はダンスが好きで、少し変更しても戸惑うことなく参加できました。「一人ひとりの見せ場をつくろう」ということになり、チームの雪雄が「一緒にひげダンスをしよう」と弘志を誘いました。「恥ずかしいから絶対しない」という弘志に雪雄と担当教員が毎日声をかけ、やっと承諾しました。「衣装はつけない」と言い張っていましたが、やがてネクタイと帽子は身に着け「ひげはつけない」と決心しました。自分の意思を曲げ、友だちの意見を聞き入れた初めてのことでした。当日は練習の成果を発揮、まわりからの高い評価を受け、満足そうでした。両親からも「初めて安心して見ることができました」とうれしい言葉が聞かれました。

(5)進路——先々の不安と強まる重圧

①入試、受験への不安の高まり

弘志は中学2年生の2学期から急に教室に入れない、入っても伏せている状態が続きました。教室移動も困難になり、移動を促す声かけにも混乱が生じました。移動しても今までのような学習態度で臨めません。受験に対する心配が大きくなって、「勉強せなあかん」「実技を伴わない授業だけ」「宿題しなければ」という言葉が出てきました。かといって頑張っている様子はないのです。不安な気持ちだけが大きくなっていきました。

就寝中もかゆみで目が覚め、眠れない日が続き、寝不足でこれまでにも増してイライラが悪化していきました。受験という漠然とした不安に襲われ、あちこちに血を滲ませて登校することもありました。そのため、学校で混乱が大きくなる前に寄宿舎の部屋に戻り、心を落ち着かせるようにしました。部屋は重圧から身を守る堀であり、石垣だったといえます。

②中学3年生、自分を変えようという決意

中学3年生になると、授業中には顔を上げて、クラスの役割分担にも加わろうとする雰囲気が生まれ、最高学年になった自覚が感じられました。

進路情報がいっぱいで、気分転換の場が欲しくなった時も寄宿舎には帰らなくなりました。そのかわり、教室の机といすが砦に替わりました。「混乱しても学校にはいる」という点では進歩です。気持ちが切り替えられたら、遅れながらも授業の教室に移動し、そこでの学習にも参加できるようになりました。混乱した時は、ほかの生徒が教室を移動する、教師は時間の区切りごとに声をかけ「次の授業、どうする?」と本人の意思を確認しました。また教室に戻ってきた時には、その理由を簡単に聞くようにしました。長い会話は続かず、単語のやり取り程度のこともありますが、自分の気持ちを表現し伝える経験を大切にしました。

三者面談が始まると、進路・受験は現実味を増してきます。弘志には大きな重圧となり、湿疹を掻きむしる回数も一段と増してきました。しかし、2学期末の三者面談で一応の一致が見られ、3学期には英語を生かす学校を見つけて見学、受験し、合格することができました。

3 寄宿舎での生活

⑴男子会議と職員の一貫性のある態度

弘志は、段取りが苦手で見通しがもてないので、皆から遅れることが目立ちました。日課表を作成しても、「朝起きられない」「入浴は嫌い」で、洗濯物の片づけなどの作業も1回や2回の声かけでは始まりません。特にゲームや読書中の気持ちの切り替えができず、過剰な声かけにかえって混乱してしまうので、職員はタイミングを見極めながら声をかけるようにしました。片付けていないのを見かねて、職員が弘志の物を片づけ始めると気分によってはしぶしぶ動きだしました。

また、弘志が激怒すると、相手が謝るまでわめき続け、自分の納得できる謝り方でないと受け入れられません。自分が悪いと思う時には「ごめん、ごめん、ごめん……」と、弘志の納得できる「いいよ」を相手が言ってくれるまでしつこく謝り続け、周囲を困惑させていました。周囲の子どもたちは弘志が「何に怒っているのか」「なぜ物を投げつけたり、叩いたりするのか」がわからず、ただわめいているようにしか見えず、不快に感じていました。

こうしたトラブルや混乱に対応するため、男子会議を開き、寄宿舎職員が入って子どもたちの話し合いの場をつくりました。トラブルになり、弘志が興奮したときは、「弘志との距離を置く」「周りが『ごめんなさい』と謝る」という方法なら弘志が興奮状態から抜け出し、落ち着くことができるだろうと確認しました。同時に職員は、弘志が明らかに悪い時は、パニックを起こし大声を出そうが「ダメなものはダメ」と、善悪のけじめはきちんとつける態度で臨んでいきました。
毎日、イラついた弘志の叫び声が寄宿舎はもちろん、学校中に響き渡り、子どもたちはうるさいと思いながらも干渉はしないという接し方でした。

⑵良かったことを見つけよう――家庭への支援と母親との話し合い

連絡帳には、帰宅した際の弘志の行動について、母親のもって行き場のない気持ちが綴られていました。職員は寄宿舎での弘志の問題行動ばかり報告することにならないように配慮し、できるだけ落ち着いていたところ、頑張っていたことなどプラス面をより多く書くようにしました。会った時にマイナス面も話しましたが、成長してきたと思える面を積極的に確認し合うことを心がけました。

ある日、春樹の母親より「弘志君に春樹を叩いたりしないでほしい」という訴えがありました。その当時、二人は支配する・支配される関係でした。双方の母親に「今後の弘志の指導につなげたい」と説明し、両方の親子との話し合いの場を設けました。弘志の母親は「自分より強いものに向かっていけ。弱い子をいじめたら貝塚を辞めさすと言ったやろ」と強い口調で話し、「先生、この子を思いっきり怒ってくれて結構です」とまで言いました。弘志は「これからは叩いたりしない」とその場で誓い、母親の言葉で気持ちの整理ができたのか、それ以降、春樹にちょっかいを出すことはなくなりました。

⑶こだわりを少しずつ乗り越える——医師からのアドバイスを生かす

1年生の時、弘志には抵抗の少ない清掃場所を割り当てましたが、掃除、特に雑巾がけが大の苦手でした。職員が弘志の代わりに作業して見せ、遅れてでも最後までしてもらうという態度で臨み、手伝ってもらった職員に「ありがとう」が言えるように取り組んでいきました。そんな時、主治医から「ぬるぬる、べたべたした雑巾や水などで汚れることがものすごく嫌なようです。これも障害によるもので、ゴム手袋をするなど、工夫してください」と助言をもらいました。

2年生になり、洗面所の掃除をさせてもよい時期と考え、作業の方法をていねいに説明し、肘までのゴム手袋を用意しました。すると「床は拭かれへん。みんなより多めの作業をするから床拭きはまけてほしい」と、初めて自分のできないことを認め、助けを求める申し出をしてきました。そこで風呂場の脱衣所掃除に変更し、「はい！」と雑巾を渡すとなんのためらいもなく雑巾がけをていねいにやりとげました。他の子どもたちも「脱衣所は弘志の作業」と認めてくれ、交代することなく同じ場所を1年間やり遂げることができました。

3年生になって、新たな克服体験として、前年、拒み続けた洗面所と玄関ホールを交互に分担することにしました。洗面所では、ゴム手袋なしで雑巾を軽く絞って拭くことができるようになりましたが、初めての玄関ホール掃除はなかなか進みません。雑巾をすすぐように言うと、「手が荒れる」といらついた返事です。「手袋を使おう」と言うと、「手袋の間に水が入ってくる」と返答してきました。「二重にしてあげる」と言っても、「手が荒れる」と言い訳ばかりでした。職員が、「いつもこまめに手を洗っているやろ。風呂ではバンザイして入っているんか」と逆に質問すると「もういい」とあきらめました。その後は雑巾を使っても混乱することもなく、卒業まで続けることができました。

(4)仲間のなかでやり遂げた喜びを実感

①自分勝手と三日坊主を克服する

朝食準備でトースターを出す仕事は、先に食堂に入った生徒が自主的に行っていました。その準備に出てこないのを見かねて弘志に質問すると「そんなん、面倒くさいからわざと早く食堂に行ってない」と発言。こうした自分勝手な考えは他の人の善意を踏みにじっていることを理解させるために、職員は「みんなに失礼やろ、弘志の代わりに皆がやってくれている。ごめんなさいと謝って」と声を荒げましたが、「なんで謝らなあかんの」と返してきます。「みんなが文句を言わないのは、優しいから弘志の代わりに朝の仕事をしてくれているんや。それなのに『わざと早く行かない』とは失礼すぎる、『ごめんなさい以外にない』」と詰め寄ると、「ごめん、ごめん……思ってないけど」とまた、失礼な言い方で応えます。さんざんやり合った次の日、弘志は7時に起床し、部屋の子どもと一緒に朝食準備ができ、三日坊主に終わらせず頑張っていました。

寄宿舎、朝の食堂

このことが部屋会議で皆の前で評価されると、皆と同じように床に座って参加するようになりました。これまでは、弘志だけベッドに横になっていたり、腕立て伏せや腹筋などをしながら会議に参加し、周囲は弘志の行動を気にせずに、淡々と話し合いを続けているという状況でした。言われなくても習得できると思われることも、弘志には具体的に教えていかなければなりません。少しずつ仲間と同じような仕事ができるようになるのと同時に、集団での話し合いへ向かう姿勢もしっかりしてきたようでした。

②職員の願い――弘志にもわかってほしい、他の子どもにもわかってほしい

弘志には、自分に甘く、周囲に厳しい、いらつくことが多いという特徴がありました。周囲の子どもたちは「弘志が大声をあげて暴れだしたらどうしよう」といつも心配していました。職員が毅然とした態度・論理で指導すると、他の子どもたちは「いらん刺激せんといて」と冷ややかな視線で見ていました。

職員は、子どもの中にある「声なき声」を代弁し、不満を解消していきました。きちんと説明していくと、弘志は職員の話を聞けるようになり、他の子どもの立場に立てるようになっていきました。弘志には、仲間からの注意を受け入れられる力を培ってほしいという願い、そして周囲の子どもたちにも、道理を立てて批判できる力を獲得してほしいという願いをこめて話し合っていました。

③耳で聞くより、目で見てわかるように

弘志は直接、自分に向かって具体的に言ってもらわないと他人ごとにしか聞こえません。注意めいた言葉には、自分が責められていると過敏に感じ取り、大声をあげて混乱してしまいます。主治医から「弘志の障害の場合は、耳で聞くより、目で見た方がわかりやすい」ということでした。この助言を生かそうと、混乱した時は紙を見せる用意をしました。

翌日、食事中に大声を出したので、紙に小さい字で「うるさい」と書いて弘志に見せました。しかし、字が小さくて読みにくく、「うるさい」と書かれたので、突然のことに「えっえっ？　なに書いてるん。そんなん言わんといて」と余計に混乱してしまいました。

「うるさい」では火に油を注ぐようなものだったと反省し、「静かにして」と大きく書いて、自分たちの気持ちを伝えるように工夫しました。さっそく、部屋会議でも、「話を聞く」などの紙カードを用意してみました。弘志は緊張した面持ちで話し合いに臨み、子どもたちがカードを使って注意すると「わかった」とすんなり納得してくれたので、子どもたちもほっとしました。

⑸人との関わりを求めて

①人との関わり方の加減がわからない

少しずつ貝塚での人間関係にも慣れ、「ホールド・ミー・タイト」と職員にスキンシップを求めてくるようになった弘志でしたが、関わり方はぎこちなく、顔をこすりつけたり、噛んでくるという状態でした。職員は大変でしたが、ようやく人との関わりを求めてくるようになった弘志なので、

我慢できるところまで我慢して受けとめていきました。自分より体が小さく、攻撃してこない子どもに関わりを求めるため、弘志はじゃれ合っているつもりでも羽交い絞めや、ほほをつねるという行動になり、子どもたちはうんざりしていました。しかし、職員が弘志にまとわりついても「やめて、やめて」と言いながら嫌がることはなく、喜んで大騒ぎするようになりました。

スキンシップが増えるとともに、急にいろいろな思いを弘志はしゃべるようになりました。「高校では貝塚のような特別はアカン」「人とコミュニケーションをとるのが苦手だから、パソコンを使った仕事が向いていると思う」「貝塚は、先生もフレンドリーだし、前もって何をするのか教えてくれるのでありがたい」と自分や周囲について分析する、お茶会で着物姿の女子を見て「すごくきれい、高嶺の花だ」と表現する、肥満の女子に対して嫌味ではなく、「もう少し痩せたら可愛くなるのに」と、感情のこもった言葉が出るようになってきました。

ただ、食事中でも、入浴中でも、することを忘れてしゃべりまくり、相手の話は3秒と聞けないという状態で、聞いている方が疲れ果てるほどでした。

②仲間のなかで、他の子どもと同じように指導ができる

中学校3年生になり、服薬の量が適合すると見違えるほど落ち着いて、弘志は仲間と楽しい時間が過ごせるようになりました。取り組み前の「事前の説明」は必要でしたが、他の子どもと同じように指導ができるようになったといえます。「特別な弘志」から、仲間と同じ場を共有しながら少しずつ「男子の一員」として成長した姿を見せ始めました。仲間からの注意や指摘を受け入れ、男

子会議や部屋会議で決めたことが守れるようになり、畑作業や生活作業等の集団行動もできるようになって、寄宿舎自治会「あゆみの会」の選挙管理委員になり、自治活動に参加できるまでになりました。

仲間の理解と、仲間に受け入れられたことで、生活と気持ちが安定していったといえます。

4 貝塚養護学校を振り返って

弘志には、混乱から抜け出せる避難場所の確保が必要でした。自分から静かな場所に動けない時には、他の子どもたちが移動し、落ち着けるまでその場を保障しました。

帰宅後の様子、主治医からの助言などを含め、学部と寄宿舎の職員とが、その時の状態を常に連絡し合い、取り組みを確認し合うことを心がけました。弘志の感情の変動は激しく、学校から寄宿舎に、寄宿舎から学校にと混乱を引きずってしまいます。混乱による無駄なエネルギーを少しでも減らし、前に向かっていく力を蓄えることを大切にしました。

また、「ありがとう」と感謝の気持ちを言葉で表し、間違ったら「ごめんなさい」と謝る。順番を待つことができる、こういう力を育むことも大切にしました。

これらのことは忙しい時間の流れのなかでつい後回しにされがちですが、周りの子どもたちの力を借りながら、粘り強く取り組んできました。

4人のメンバーに変動はなく、卒業まで一緒のクラスで過ごせたことは、弘志の学校生活を安定させる大切な土台になったといえます。実際にはいろいろな学習場面、生活場面での問題行動や葛藤が見られましたが、学部と寄宿舎それぞれの場面で、教職員の配慮のなかでさまざまな友だちと関わり、中学部3年間のなかで変わっていきました。

貝塚で学んだことは弘志の人生の大きな一ページになると思います。大人になった弘志は、「僕の思春期は貝塚養護学校時代であった」と語っています。

（清水広美・江口昌史）

参考文献
『かいづかのきょういく』33集（2007年）、34集（2008年）及び第35集（2009年）

第1部―3

家族を支える
――人間関係を豊かにしよう

子どもたちが自立と発達の課題に挑むためには、世界を信頼し、生きる希望をもつ生活が不可欠です。この生活の基盤には、家族の生活の質が問われています。貝塚養護学校（以下、貝塚養護）には、この家族の生活に大きな困難さのある子どもたちが入学してきました。ここで登場するのは、父親から家庭内暴力を受ける生活の中で適応障害を示した3人の姉妹です。学校外の家族の課題に取り組むのは福祉の任務です。しかし貝塚養護は、学校での実践を通して家族の機能を問い直しつつ、家族支援の課題に積極的に挑んできました。

ここでは、2000年代に小学校から中学校にかけて、貝塚養護学校が取り組んだ3姉妹の事例から、寄宿舎のある特別支援学校の役割とは何かを改めて考えてみたいと思います。貝塚養護の生徒募集停止からその後にかけての状況も踏まえて、「生活をつくる」学校とは何か、この課題に迫る論点を考えます。

1 3人それぞれの援助

母親と長女（真知子）は父親からＤＶを受け、次女（美香）と三女（千尋）はともに面前暴力を受けて２人は強い男性不信をもっていました。母親はこれまでの状況を振り返って、「次女は暴力的言葉を受け流すことでうまく身を守る術を体得していた。しかし三女（千尋）は、まだ言葉の出ない頃、虐待を受ける私をただじっと見ているだけで、泣くのも我慢し耐えていました。目と頭に焼き付いて、いまだに離れないかもしれない」と話してくれました。

三姉妹は心的外傷性ストレス障害や適応障害で不登校になり、長女、三女、次女の順に貝塚養護学校に転入学してきました。ここでは、入学してきた順番に1人ずつ貝塚養護での生活を考えてみます。

⑴長女（真知子）の場合

①警戒心をときほぐしつつ生活能力を高める

真知子は父親の暴力から逃れるため、何年間か病院から小学校に通学していました。その後、両親が離婚し、虐待を受けることはなくなりましたが。遅刻や欠席が多く、中学校から長期の不登校になりました。外傷性ストレス障害で過食となり、１００キロ近くの肥満と不登校で貝塚養護に入学しました。幼い頃より心の傷を負い、カウンセリングを受けていました。

中学1年生の12月に入学するまでは完全に昼夜逆転の生活でした。まずは基本的生活習慣を身につけることをめざしましたが、日課の中で起床が一番辛そうでした。その日の状態に合わせ、登校しなくてもいったん起床し、朝食をとり、朝の掃除や洗濯、整理整頓と段階を追いながら生活を立て直していきました。

当初、寄宿舎舎室の仲間と暮らすことができず、職員宿直室での一人暮らしからスタートしました。2か月ほど経ち、舎室に戻ることを提案しました。しんどいことから目を背けず、しっかりと立ち向かうように励まし、舎室での生活を始めました。

教室での授業に参加できない真知子には「特別時間割」をつくり、舎室での学習から始め、校内を見渡せて学校全体の雰囲気がわかる場所、体調不良を訴えれば保健室というように、学習の場を徐々に広げ、2年生から教室での学習が可能になりました。しかし、21時からの学習室での自主学習にはまだ参加できません。他の中学生が学習室に出かけるとテンションが高まり、ドタバタと廊下を走り、何かと寄宿舎職員室にきては職員を独り占めにします。不安から、寝る時は職員を舎室に呼び、添い寝をせがんでいました。

②交換日記を始めて――気持ちの整理をはかる

2年生の秋頃より職員と交換日記を始めました。真知子は毎日うれしそうに担当職員に日記を渡しに来ます。学習にも生活にも張りが出ます。ところが、真知子の後から入学した三女（千尋）が「学校・寄宿舎生活に息切れ」をし、未帰舎（日曜日に寄宿舎に戻らないこと）となると、真知子も「しんどい」と言っては寄宿舎に戻らなくなりました。

千尋にとっては初めての自己主張であり、成長の一つと考え、帰舎を強くは迫りませんでした。真知子は「何で私だけ戻らなぁあかんの。私だけ！」と不満を職員にぶつけます。来週は帰舎すると約束しても「体調が悪くて戻れない」と連絡が入ります。ほんとうは母親に甘えられる千尋のことが羨ましく、体調不良はごまかしであることがわかりました。

職員から「帰って来ないのなら交換日記を止めたい」と伝えると、「なぜ妹に未帰舎が許されて、自分だけ帰舎するのかわからない。おまけに交換日記まで止めるなんてショックだ」と怒り心頭。

真知子には「あなたは今、前に進む時。あなたと妹の目標は全く違う」と時間をかけて話し、気持ちの整理がつくのを待ちました。数日たち、真知子は「先生の言っていた意味がわかった」と帰舎するなり口にしました。自分勝手な言動を繰り返すたびに、交換日記を使って課題と向き合わせ、頑張る気持ちに切り替える取り組みを繰り返しました。やがて、何が原因でしんどくなり苛々してしまうのかを考えるようになり、感情をコントロールする力が少し生まれてきたようでした。

③進路への不安——課題を明確にするための試験通学

3年生になると、真知子は寄宿舎自治会「あゆみの会」の役員や学校行事の実行委員等、いろいろな役員を積極的に引き受けていきました。今年の目標は、「帰宅時に夕食をつくること」と決め、担任教師とメニューを相談し、簡単な料理づくりに取り組みました。痩せることにも積極的で、20キロほど体重を落としました。学校のお楽しみ会では、オープニングでダンスを踊り、観客を湧かせて生きいきした生活を送っていました。

けれども、卒業と進路に向けた課題をはっきりさせるため、試験通学の取り組みを始めた途端に、毎日が不定愁訴の連続で帰舎を渋りました。しかし、以前とは違い、時間に遅れてもきちんと帰舎してきました。そのことは大いに褒め、「目の前にある一つひとつの課題と向き合い、そこから逃げずに乗り越える力が今の真知子にはある。もっと自信をもつように」と励ましました。すると真知子は「わかっているけど、なかなか一歩が踏み出せない」と気持ちを語り、その後も体調不良を訴えることはあっても、優しくしてくれる職員に甘え、持ちこたえていました。ただ、少しでも「かわいそう」と同調した態度を示せば、すぐにでも崩れてしまいそうでした。

試験通学の当日、ドキドキで朝を迎えましたが、無事に終えた後は、満面の笑みを浮かべて帰ってきました。その後は、運動会、修学旅行、文化祭と大きな行事が続き、楽しくまた輝く真知子の姿が見られました。少しでも勉強へと気持ちが向かうように、日々の学習を習慣付けることから始めました。やがて、夜の自主学習にも少しずつ落ち着いて取り組めるようになり、希望した高校に進学できました。

保健室から教室と運動場、寄宿舎が見渡せる

(2) 三女（千尋）の場合

①関わる人への警戒心

小学4年生の千尋は、姉の入学から数か月後に「不登校」で入学してきました。自ら「男性恐怖症」と言い、男性職員を拒み続けます。なかなか寄宿舎に定着できず、週に一泊、二泊と泊まる回数を増やす取り組みから始めました。

初体験の物事に対しては、何かにつけ躊躇しますが、整理整頓や洗濯など身のまわりのことはきちんとこなし、その吸収力は早く、生活する上で十分な力をもっていました、家庭環境を考えると上出来すぎて、こちらがびっくりするほどでした。

学習や課題など、枠にはまったことはきっちりこなすのですが、金魚を飼ったり、花を飾ったり、絵を描いたりと一人で過ごすことが多く、仲間と遊ぶことは苦手でした。全体でゲームをしても一緒にワイワイと楽しむことなく、いつも一歩集団から身を引き、冷めた目で見つめていました。

相談機関からは、「学習面は一学年程度の遅れがあるものの、器質的障害はなく、内面的な自分の本心を表出するのに時間がかかる」と言われ、傷ついた心を修復するために、家庭や学校で精神面のケアが重要であると指摘されました。ある時、職員が「学校では長い髪をくくろうね」と注意をすると、ポロポロと涙を流して睨みつけ、対抗意識をあらわにします。関わって来る人に対する警戒心は強く、周囲からの評価や批判に過敏なほど反応し、傷つく状態でした。本当は甘えたいのに素直に表現する力がなく、目標も自信ももてない漂流状態でした。

②ドア越しに千尋に聞こえる声で謝る——面と向かって言われるのは嫌

4月末の帰舎日に帰って来れない日がありました。長女を送ってきた母親から「朝の日課をしていて遅れただけなのに注意され、ショックを受けている。だいたい、ここは心に傷を負った子がたくさんいるのに、そんなことでいいのですか」と話され、「千尋ちゃんの心を傷つけてしまったのですね。ごめんなさい」と謝りました。今までも、男性職員の話しかけには緊張してうなずく程度でしたが、千尋が舎室に戻り、女性担任がリラックスした状態で話を聞けば、「朝食に遅れ、強い口調で怒られた。怖かった……」とペラペラとしゃべりました。やはり男性が怖い、大声で叱られることそのものが恐怖、以前の家庭での光景がフラッシュバックしていたのでした。

次の帰舎日、何事もなかったように元気にもどってきました。千尋に「男性職員のことはお母さんから聞いているよ」と伝えた上で、これからはどうしたらよいかを聞きました。「男性職員は千尋ちゃんを傷つけてしまったことを謝りたいと思っているので話し合いの時間をくれる?」と尋ねると、千尋は話をすることに躊躇することもなくうなずきました。

「男性職員に言いたいことがあれば言える?」と聞くと無表情で黙ってしまいます。

「じゃあ文句（批判）を言うのを止めとく?」と聞くと首を振り、「何か言いたいと思っていることがあるんやな?」と尋ねるとうなずいてくれました。

翌日、「面と向かって話されるのは嫌」という千尋の希望で、男性職員は千尋の舎室のドア越しに謝り、千尋は納得することができました。千尋に、「嫌なことがあっても未帰舎するのではなく、帰舎して問題を解決しよう」と伝え、それ以降は男性職員とごく普通に話せるようになっていきました。

③生活の広がりと自立

千尋が入舎すると長女は同室になることを強く希望しましたが、千尋にはそれほどのこだわりはありませんでした。暮らして見ると、当初は様子を知っている長女がリードして、何かにつけ千尋を待たせて行動をともにしていましたが、早々に立場が逆転しました。理解が早く、生活能力の高い千尋は、職員が見ていない時にきつい言葉で姉をやり込めています。生活に慣れるにしたがい、職員の前でも偉そうな言葉を長女に発し、姉は反論しきれずに終わってしまいます。母をこれまで独占し続けてきた長女への嫉妬か復讐でもあり、行動の遅さへの苛立ちもありました。職員がそのことを注意することもありました。

3か月ほど経つと一つ年上の京子としだいに仲良くなり、一緒に遊び、おしゃべりする関係ができました。毎晩、舎室の中学生が学習室に出かけると、話に花を咲かせ、消灯時間を過ぎてもまだはしゃぎ、たびたび注意されていました。京子との結びつきが深まるにつれ、自然と姉との距離がとれ、喜んで姉と別々の舎室で生活を始めました。

これまでは行事に参加すること自体に強い抵抗感があり、頑なに拒否してきました。「無理に参加しなくていいよ」と千尋の気持を受けとめると、参加したくない理由を京子を通じて間接的に訴え、それを取り除くことで行事に参加できました。次は係活動への参加でした。まず誕生会のゲーム担当をゆっくりペースの瑞穂と取り組みました。準備はとても張り切って頑張りました。しかし、「全体の前でゲームの説明をすることがプレッシャーとなり、緊張する」と話します。帰舎日に母

個人畑

親から「明日のゲームを説明するのが心配みたいで帰舎を渋っている」と連絡が入りました。それでも頑張って帰舎したことを褒め、説明は他の人に代わってもらうことにしました。すると安心した様子で参加できました。

また、千尋は4月末に「個人畑」を借り、夏野菜を育てることを始めました。初めての体験でしたが、頼まれなくても毎回、他の人の畑にも水やりをしました。他の子と比べると収穫は少ないものの、収穫・販売を経験して楽しんでいました。秋には畑を倍に増やし、家でも簡単なおやつや料理をつくれるようにと、自立に向けて力を付けていく取り組みを始めました。

(3)次女（美香）の場合

①周りも驚くほどのパワー

姉の真知子と妹の千尋が先に入学し、2人の帰宅帰舎日や参観日に、美香は母親と一緒に貝塚養護に来校していました。やがて職員の気心もわかってきました。慎重なうえに母親に少し甘えたかったようで入学を渋っていたのですが、やっと決意できたのは中学部1年の2学期初めでした。

不登校の間、好きな時に起き、ゲームをし、食事も不定期で、大きな生活の崩れがありました。また、他の生徒が大きな声で指導されている場面に遭遇すると、美香の表情がこわばっていました。入学して2週間ほどは生活リズムの立て直しが辛かったようでしたが、学校にはきちんと登校しました。

授業の理解は早く、生活面にも存分にパワーを発揮し、ずっと前から在学していたかと思えるくらいで、周りの子が一歩引く状態でした。姉妹3人が揃うとパワーが倍増。日を追うごとに生活に慣れ、気楽に話す姿が見られました。しかし一時、美香は未帰舎になり、「真ん中は疲れる」「未帰舎の時くらいゆっくりさせて」と話しました。姉妹3人が不登校の間も、常に長女が母親を独り占めにしていました。そして、長女が貝塚養護に入学すると今度は、同じように甘えたい妹から八つ当たりにあっていました。2人のいない時、母に甘えたいという美香の思いがあふれていました。

それでも、美香の立ち直りは早く、学習に生活にエネルギッシュに過ごしました。入学して7か月あまりで、貝塚養護が廃校となり、大阪市内にある移管先の肢体不自由児の光陽支援学校（病弱部）と視覚支援学校寄宿舎（光陽寄宿舎。以下、寄宿舎）へ千尋とともに移籍しました。

2 生活習慣を家庭で実行しよう

貝塚養護では1970年以降、衣食住の家庭機能が崩れてしまった家庭に職員が入って片づけをすることが何度かありました。その頃はまだ福祉等の積極的な支援もなく、学校の支援がどうしても必要だったのです。姉妹の家庭もよく似た状況でした。貝塚養護でできていた生活が、家庭に帰ってもそのまま実行されていたわけではありませんでした。

ある日、職員が姉妹の家に行き、掃除をすることになりました。長女は職員たちからいろいろと声をかけられ、気持ちが高まり、興奮気味でしたが、手際よく働きます。三女は段取りよくマイペースで丁寧に片づけます。2回目からは次女も積極的に参加し、仕切り役です。4回目にそれぞれの机を城に居場所が確保されました。猫は飼い続けるが、兎は最終的に職員が引き取り、異臭からは解放されました。

家庭生活の見直しと立て直しが必要と考え、作業後に親子を交えて話し合い、次のような確認をしました。

・整理整頓では、不必要なごみは毎日捨てる。掃除・洗濯は毎日必ず行う。

・朝食と夕食は必ず交代でつくる。片付けはその

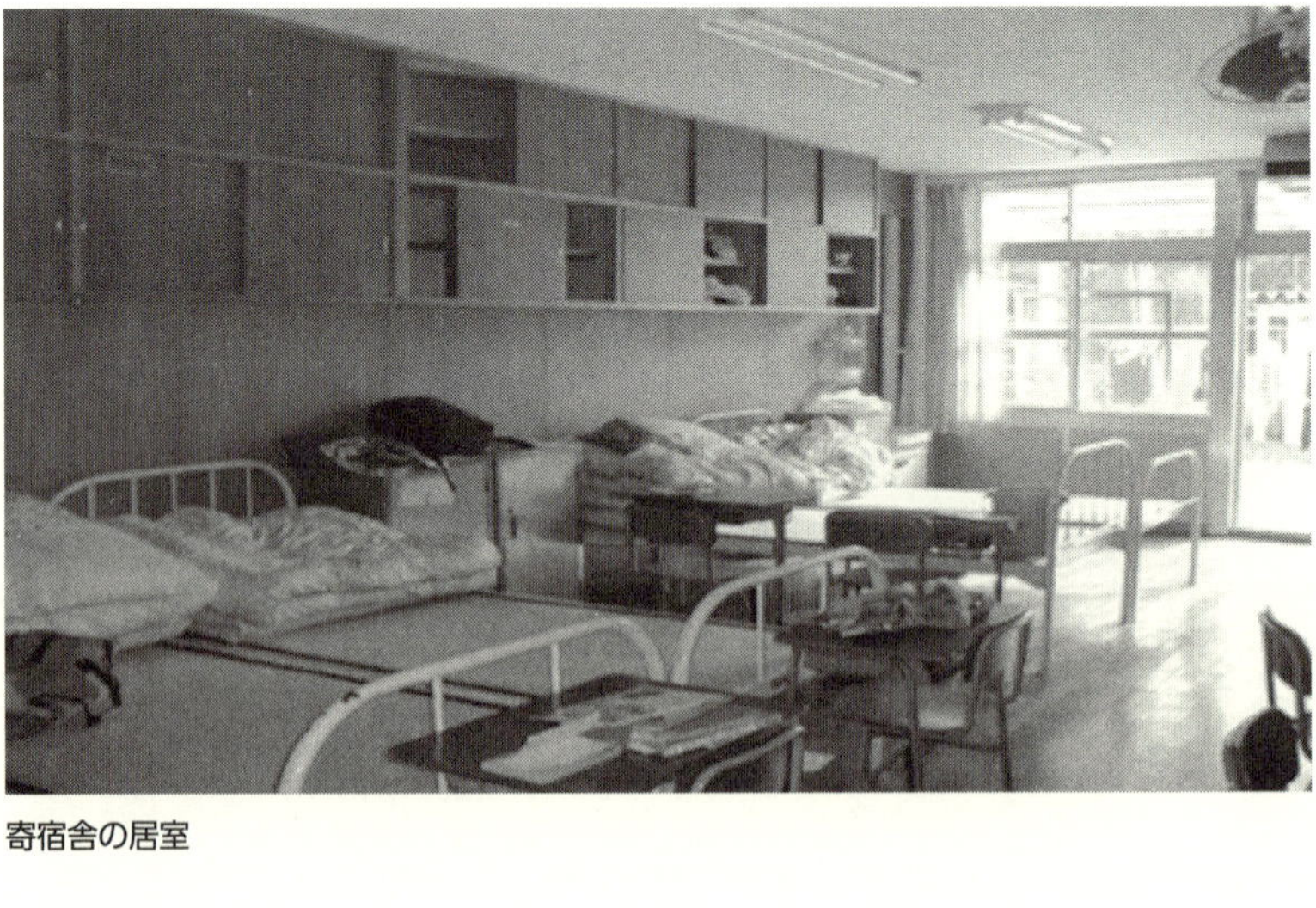

寄宿舎の居室

つど行い、後まわしに絶対しない。
・家計については常に全員で確認しあう。食事の買い物については順番に行う。携帯を使いすぎないようにお互いに確認し合う。各自が小遣い帳をつける。家計を考えて衣服を買う。
また、それぞれが相手に「こうして欲しい、これは止めて」という気持ちを出し合う場をもちましたが、一度やそこらでは収まらないほどに不満が溜まっていました。

それを家族のつながりとして発展させるために、三姉妹の中で起きるさまざまなトラブルを調整していく姉妹会議を生活の一部として位置付けて、寄宿舎でもこの会議を継続してきました。長期休暇の前に寄宿舎や学校のホームルームで話し合い、各自の係分担を決め、休暇後に点検・確認していきました。三姉妹は寄宿舎で生活を送ることで衣食住の基本的生活習慣が身についていきました。同時に、その生活を引き続き家庭でも維持していくために、家族の生活を支えるための支援者が必要でした。そこで、医療機関を中心に、精神面でのケアができる機関として、これまで分散していた姉妹の相談機関を一つの医療機関に集約することになりました。三姉妹ともにそこが大変気に入り、今もコーディネーターの役割を担ってもらっています。

3 新たな「学校」「寄宿舎」生活の始まり

(1)子どもも職員もカルチャーショック

2009年に貝塚養護は廃校となりました。貝塚養護の病弱部門は大阪の北に位置する肢体不自由児が通う光陽支援学校（以下、光陽）に移管されました。貝塚養護に在籍していた児童生徒は家から学校（学部）に通学する子ども3人と、地下鉄で二駅離れている視覚支援学校の寄宿舎に入った美香と千尋たち4人の7人となりました。

①光陽支援学校の入学式、始業式、その後

入学式・始業式は、肢体不自由のある子どもたちと病弱部（以下、学部）の子どもたちの合同で実施されました。貝塚養護からきた子どもたちは不安と緊張の表情で参加しました。子どもたちは「肢体不自由児の保護者の視線が気になる」と言います。そして、「なんで見た目に障害のない自分たちがこの学校に通っているのかと不信感を抱かれていないか」と言い、それからはマスクをして通っていました。

病弱部の職員と子どもは教室を3階の一角に定められ、カルチャーショックを受けました。障害種別の校時表の違いによる二重チャイムが鳴る生活狭い教室。そして、運動するにも運動場が狭く、教室から往復するだけで休み時間は過ぎてしまいます。

貝塚養護では前日の子どもの様子を学校・寄宿舎職員が朝会で引き継ぎをし、帰宅時の状況を含めて話し合う中で、お互いの役割や課題を明確にし、短期・長期的見通しを立て、一緒に実践を積み上げてきました。しかし、光陽へ移ってからは新しい職員が多く、病弱教育や不登校生徒との関わり方・感じ方・とらえ方に違いがありました。環境が変わったことによる子どもの心理状態や家庭状況等の共通理解は電話でこと足りるものではありません。学部と寄宿舎は早くて片道30分あま

りかかりましたが、すぐに会って丁寧に説明をすることで、学部と寄宿舎の溝をなくし、連携を深める取り組みに努めていきました。

②視覚支援学校の寄宿舎

視覚支援学校の寄宿舎の中に光陽病弱部寄宿舎をつくりましたが、新しい生活は時間に追われました。通学電車の時間とにらめっこの朝食、登校という生活です。寄宿舎に戻れば、「夕食、入浴、就寝」の時間が決められ、これまでの貝塚養護のような日課表とは打って変わり、「急いで」の声が飛び交う日々でした。

寄宿舎に入った4人は肩を寄せ合い、何とか生活をこなしている状況で、周りから見ると取るに足りない些細な出来事でもすぐに不安になり、傷ついてしまう状況が続きました。学部も寄宿舎もここが貝塚養護ではない現実を受け入れ、新しい寄宿舎での生活を作り出すことに必死でした。こうした状況でも職員がじっくりと子どもの気持ちを聞きながら、その整理を一緒にすることで感情のコントロールを図り、学校・寄宿舎生活を送っていました。

⑵姉妹の後退――貝塚で培った力を発揮しよう

貝塚でともに過ごしてきた姉妹以外の生徒2人は、学部生活や環境等の違いから不満や不安を口にしながら、何とかもちこたえ、休みつつも登校していましたが、姉妹は寄宿舎に戻らない日が多くなりました。

長女が高校に通い、その間の姉妹は少し母親に甘えることができましたが、勉強には一切手を付けず、母親が「元気だから学校に行ったら」と促すと母を睨みつけ、返事のないまま黙り込んでしまいました。

また、1人が帰舎する気になっても、もう1人から「行ってらっしゃい」と言われると、帰舎する気持ちにはなりません。どちらかが「帰舎しない」と言えば揃って未帰舎となる状態が続き、職員が家庭訪問をしました。

家は散らかり、そこから学部・寄宿舎に戻る気力は生まれてこないと感じました。千尋は「教室にいると押しつぶされそうになる」「体育はしんどい」「寄宿舎にいると時間に縛られて嫌だ」と話し、美香は日課や職員への不満、さらには深夜のアニメが観たいと訴えます。本音は学習や係活動等にまじめに取り組むことや規則ある生活がしんどく、面倒くさいと思っていることが見え隠れしていました。

帰舎してきた時は、まずは寄宿舎への定着を一番に考えました。昼夜逆転の生活を立て直すために、学校を休む時はただ休むのでなく、職員と一緒に舎内の掃除や雑巾縫い、昼食づくりの活動をして、学部と同様の学習時間と休憩時間の区別をつける生活に取り組みました。また、登校している子どもが学習していることを意識させるため、夜の学習時間には、職員は毅然とした態度で2人が来るのを待ち、学部から出た宿題に一緒に取り組みました。子どもたちが揃う場ではあえて学部の話題を取り上げ、職員も楽しそうに聞きました。学部の情報に興味を示し始めた頃、宿題を持って職員と登校しました。今日は「見学だけ」、今日は「給食まで」、今日は「好きな教科」と、範囲を広げて不安を取り除いていきました。

⑶三女のわだかまっていたものを取り除いて

光陽支援学校運動会の前日に未帰舎だった姉妹がなんとか帰舎してきました。練習をしたことのない姉妹ですが、当日、次女の美香は余裕をもって競技に参加し、三女の千尋は少し心配しつつも完璧に演技をこなしていました。運動会終了後に母を交えて懇談すると、千尋は「今の学校は、これまでの貝塚と様子が違い、教室は狭くて押しつぶされそうになる。1人では登校できない。2人一緒なら行ける。地元校がどんな様子か知りたくて、一度見学くらいはしてみたい」と前向きに考えていました。姉の美香は「小学校時代にいじめた子の存在や人間関係が気になる。5、6年の学習空白で自信がない」ことを話してくれました。

運動会の後、再度2人とも登校できなくなり、家庭訪問をすると、母親から「体育へのこだわりと、去年から引き続いた教科の学習がネックになっていた」ことを知らされました。学習空白を取り戻すため、学部の先生から「頑張れ、頑張れと言われ、心にゆとりをなくしてしまっていた」とのことでした。そこで千尋が苦手な科目を避けるために時間割を変更しました。登校しやすい曜日に時間割を合わせると、欠席することもありましたが、登校し始めました。

⑷母親の入院と新たな姉妹関係

母親が突然倒れ、入院中も「母は姉妹がちゃんと学校に行っていないことをすごく心配している」

「経済的に大変である」という話を2人にしました。初めは真面目に話を聞けず、ニヤついていましたが、「お母さんが入院して嬉しいか」「面白いんか」と少しきつい口調で言うと真面目な表情になり、話していくうちに涙ぐみました。その後は職員との関係もいっそう深まり、前向きの姿勢が見られ始め、順調に帰舎できるようになりました。

寄宿舎では姉妹で生活することが多く、お互いの足を引っ張り合う関係であるため、できるだけ別々に行動させる取り組みを進めました。妹の千尋は視覚支援学校小学部の各行事に参加させ、食事も小学部のテーブルでとるようにしました。結構、楽しく過ごし、自分から小学生の部屋に泊まりにいくようになりました。むしろ、次女の美香の方が1人になる不安から猛反対していました。

そこで視覚支援学校中学部の生徒と一緒に生活する取り組みを始めました。すると、美香に関わりたくて質問ばかりする子にも優しく接し、重複障害のある子どもに関わっている職員が手を離せなくて困っていると、上手にその子に声かけをして助けていました。自治会役員になり、話し合いで中学生が集中できない時や、意見がバラバラになると建設的な意見を出し、リードしました。千尋と離れて生活しているうちに前向きな意見や素直な気持ちを出せるようになっていきました。しかし、仲間とトランプをして負け出すと不機嫌になる、ブックカバーを縫っても大雑把に仕上げるなど、いろいろな場面で幼さや気持ちのコントロールができません。また、内面に迫る話は避けようとし、要求が受け入れられないとふてくされ、悪態をつき、泣き、なかなか気持ちを切り替えられません。

家庭では千尋や母親の顔色をうかがい、2人の言葉に左右され、自分では決められません。時には千尋の「お前……するなよ」とクールで切り捨てる言葉にも耐えているようで、自分を押し殺し、トラブルの場面を見るのは耐えられず、仲裁役に回り、エネルギーを使い果たしていました。

⑸家族に向き合う

寄宿舎では3年生の2人が卒業し、美香と千尋の姉妹だけとなり、2人を離す対応がよりいっそう必要でした。お互いが成長するために必要な活動だとわかるように言葉かけに注意を払い、職員が一緒に活動することで孤立感を感じさせないように配慮していきました。

この頃、帰舎するたびにペットや虫等の異臭が感じられました。この事実を2人に率直に話すと、周りにどう思われているのかを意識し始めました。そして、衣服をはじめ、持ってきたもの全部を洗うなど、話を重く受けとめて行動していけるようになりました。そのことがあって、貝塚の旧職員を交えて再度、家の掃除に入りました。姉妹の気持ちに深く迫った話も本音で語れるようになり、2人は家庭生活のことを真剣に考えるようになりました。姉妹は家計の流れに疑問を投げかけ、家族会議で細かく質問をします。そんな2人に「そんなに厳しく言わんでも言いやんか」と高校生の長女は逆切れし、母親は口をつぐんでしまいます。次女の美香は「まあまあ……」と判断を避け、千尋1人が悪者になる状況で、突き詰めて母に迫ることはできません。

卒業を控えた美香は、学部で話し合った進路希望も、帰宅すると母親の意見で気持ちが揺れて決められない日々が続きます。こうした状況からなかなか勉強に立ち向かえませんでしたが、職員と放課後の学習計画を一緒に立てることで少しずつ見通しをもつことができ、自覚をもって受験勉強に取り組み、希望した高校に合格しました。美香は力強く高校生活を開始、しばらくしてアルバイトを始め、生活の上では千尋の良きモデルになっていました。今では職員が励ましたくなるほどに輝き、医療関係の仕事に頑張っています。

⑹我慢はいらない、完璧でなくていい

寄宿舎は千尋1人になりました。「自分にして欲しいことや気持ちを言葉で伝える。誰かに頼ることなく自分で行動する」を目標にしました。学部と寄宿舎で千尋への指導が一致していないことがあり、どちらを信じればよいのか、千尋の立ち位置が定まりませんでした。臨床心理士から「千尋の表面の言葉を信じるのでなく、態度や行動を見極めて信頼するように」とのコメントを学部、寄宿舎ともにもらいました。

周りにいる視覚支援学校の中学生集団が幼く、千尋にとって自分の興味ある話題や悩みを対等に相談できる仲間がいないことが現実としてあり、職員が代わりになっている部分は多くありました。それでも、周りの視覚支援学校の子らにやさしく声をかけ、移動の手引きをしたり、洗濯物を干す等の援助をしました。

話し合いの場では、自分の気持ちと合わせて話の流れを良い方向へと進めていきました。少しずつ子どもの中に居場所を築き始め、子どもたちから「千尋ちゃんと一緒がいい」「千尋ちゃんの隣に寝たい」と羨望の眼差しを受けられ、憧れの存在になっていきました。

受験が終わるまで机に向かう時間も増えましたが、家庭のことや模擬テスト、行事等、次々に出

てくる不安と心配で集中できませんでした。ストレスから心身症状も出ましたが、それと向き合うことの大切さを話しました。時に自主学習は視覚支援学校高等部の生徒に交じって勉強し、遅くまで話しこむ姿が見られるようになりました。寄宿舎のさよなら会で「転校してきて、学部にも寄宿舎にも居場所がなくなり辛かった。学部で1人となり不安だった。辛かったけど、そばにいて支えてくれる人がいたから今までやってこられた。言葉では言えないくらいの大切なことを教えてもらった。本当にありがとうございました」と発表。傷つき、元気のない心配そうな表情で職員を見つめていた千尋が、たくさんの信頼できる仲間と大人に出会い、前に進むことができました。大人不信、男性への恐怖を抱えていた千尋にとって、6年間の貝塚と支援学校の経験はかけがえのないものであり、生きる基盤を育み、心の成長に意味をもつものを残したことと思います。目標にしていた高校に合格し、その後、看護師をめざして大学生活を送っています。

（清水広美・横山公美）

参考文献

『かいづかのきょういく』第34集（2008年）および第35集（2009年）

第1部 4

卒業生が振り返る貝塚養護学校の生活・時間

私は、小学校5年生の時に貝塚養護学校（以下、貝塚養護）に入り、2003年に中学部を卒業しました。貝塚養護に在籍した当事者の立場から、貝塚養護への転学に至るまで、そして貝塚養護を卒業するまでに体験したことを綴ることにしました。ここでは、私の記憶とともに、両親がまとめてくれた家族の記録「私たちの子育てノート」（1）をもとに、貝塚養護での生活・時間を振り返ってみたいと思います。

1 てんかんと学校生活

⑴百日咳脳症とてんかん発作

2歳半の時でした。和歌山の祖父母の所でゆっくりと過ごしている時、百日咳脳症にかかりました。これが後の病状（てんかん発作）にもつながっていったともいわれています。私の場合は脳の中心部に位置する海馬の左部分が発作の発生源です。

てんかんの発作は6歳の時に起こりました。小学1年生の終わり頃には発作が悪化・頻回化し、授業が中断してしまうことが続きました。発作時におもらししてしまい、周囲の子たちから「おしっこもらし」と言われることもありました。ある日、家に帰ると父親に「自殺したいわ」と言ったこともあったようです。私自身の記憶にはあまりありませんが、通学を渋ることもあり、そういう日は父の自転車に乗せられ、学校に送りつけられていたようです。

小学校2年生の頃には、発作が起きるたびに保健室に行く場面が増え、私は勉強についていけなくなりました。わからない授業では、消しゴムの消しかすで「練りけし」をつくり遊んでいたりしました。ますます勉強が難しくなり、嫌になった私は「発作のマネをするつもり」でけいれんのふりをするようになっていきました。しかしある日、思いもよらないことになってしまいました。手の震えが止まらないのです。発作が重度化し、父親が迎えにきました。救急搬送されたものの、結局は坐薬ですまされ、病院からはいったん帰りましたが、治まることはなく、再び搬送されたA市の病院で入院となってしまいました。

(2)国立療養所宇多野病院に入院、京都市立鳴滝養護学校への入学

小学2年生の5月、担当医の紹介で京都にある国立療養所宇多野病院（当時、以下、宇多野病院）に転院しました。病院に隣接する京都市立鳴滝養護学校に転校することになりました。鳴滝養護学校は、筋ジストロフィーの子どもたちが中心の第1教育部と、てんかん治療を受けている第2教育部がありました。学校生活は、先生が楽しかったという記憶が今でも残っています。

一方で、てんかんは重度化していったため、服用していたアレビアチンという抗てんかん薬の副

作用により、歯茎が膨れあがり、体毛は濃くなっていきました。さらにけいれん発作が激しいため、蒸し暑い夏にも関わらず、ヘッドギアを着けなければなりませんでした。

ある日、鳴滝養護学校で「飛び降り行動」をしました。両親は心理の先生から「本当に自殺しようという意識はない」「周りがふりむいてくれることを期待しているのだ」「安心感が不足しているのではないか」という話を聞きました。それでも、両親からはよく「あなたはIQが118あるんやで」と言われた記憶があります。励ましのつもりで言ったのかもしれませんが、私にはしんどさを受けとめてくれていないとしか感じられませんでした。

2学期に、いったん宇多野病院を退院し地元校に戻り、大阪府立子ども家庭センター（当時）へ行くことになりました。

⑶登校拒否と母親の精神的不安定

小学校3年生から4年生の年度初めにかけては地元の小学校に通いました。しかし、4年の担任の先生はとても怖い先生で、正直なところ今も顔を思い出したくないほどです。授業もなかなかついていけず、時には「嘘の発作」を演じ、保健室に逃げたり、登校拒否もするようになりました。登校拒否やてんかん発作で、私は家にいることが多くなり、母親はとても不安定な状態に陥ってしまいました。完璧主義の母にとっては、母親自身の時間帯に私がいることが負担になったかもしれません。特に懸念されたのが長期の夏休みでした。A市の保健センター（以下、保健センター）の担当者は対策の一つとして、母親を家だけにとどめるのではなく、作業所につなげてくれました。

作業所に母親だけではなく、てんかんの生じる恐れがあるという理由で、私も通うことになったのです。欠席した時は母と一緒に行き、作業の手伝いをしました。母は子育ての負担回避にもなり、最悪の状況は逃れることができました。

⑷貝塚養護学校にたどり着くまで

小学校での生活が難しくなり、病弱養護学校転校を検討することになりました。しかし、家の近くには大阪府立の病弱養護学校がありましたが、募集停止の状態でした。家庭での生活は息が詰まる一方でした。保健センターの担当者が、親とともに宇多野病院に行きました。主たる目的は私のてんかんの状態の話でしたが、もう一つの目的は家庭の状況を理解してもらうこともあったそうです。主治医に「私たちの子育てノート」を見てもらい、家庭状況や両親の関係などが、私自身の成長に大きく影響することを担当者が説明してくれたそうです。とりあえず病院に入院しながら、京都市立鳴滝養護学校に在籍することになりました。

2 貝塚養護学校での生活が始まる

⑴貝塚養護学校の見学

鳴滝養護学校から紹介され、初めて貝塚養護に見学に行ったのは小学4年生の12月です。その後は体験入学を3回行いました。そして、貝塚養護に入学したのは小学5年生の9月でした。

入学した日、クラスの人数は少なく「自分のためにみんな見てくれている」と感じることができました。「うんこ」「くっさ～」など、しょうもないやりとりをして、とても楽しい1日でした。しかし、いざ宿泊するとなると不安が一気に押し寄せてきました。病院とはまた違う感覚で、その日は自宅に帰りました。寄宿舎と病院は別世界で、さらなる不安があったと思います。

(2)緊張感を吹き飛ばした、強烈なニックネーム

初めて寄宿舎に見学や体験入舎する子どもたちはとても緊張するはずです。私ももちろん緊張していました。貝塚の寄宿舎の先生には、その緊張感を吹き飛ばすために、それぞれに「強烈なニックネーム」がありました。入舎して直後、私に会うなり「永遠の18歳、アイドル○○ちゃんで～す！」や「プリティ○○ちゃんで～す」、「○○っち二十歳でちゅ」といった衝撃的な自己紹介がありました。正直なところ「見苦しい……」という印象もありました。しかし、そのような自己紹介をすることにより、子どもの内面にある壁を解き放とうとしたのではないかと思います。一方、寄宿舎生活に慣れてきた子どもたちは、その先生たちが自己紹介した呼び方とは全く違った名前（組長、マー君）で呼んでいました。ある意味それが自然なのかもしれません。

(3)舎監の先生との寝泊り

貝塚の寄宿舎には舎生の部屋が8室あります。1階が男子部屋で、2階が女子部屋です。小6の時に、部屋の呼び名が、「さくら部屋」「やまもも部屋」「いちょう部屋」「くすのき部屋」など、校

内にある植物や季節ごとに彩るものに変わりました。

入舎時、私はゆっくりとした子たちと一緒の部屋になりました。それでも不安のあまり、一泊で帰宅することもありました。また、どうしても不安が収まらない時には、事務所（寄宿舎の職員室）から自宅に電話をかけることもありました。孤独感や不安感が入院している時よりもあり、就寝時になると寄宿舎の先生に「枕元で寄り添ってもらわないと不安になる」と言ったこともあり、集団の場で生活するのではなく、安心して過ごせる舎監室で、舎監の先生と寝泊まりすることもしました。

(4)心待ちにした特別な安静時間

さらに発作の多さや不安で、先生のそばを離れず泣くようになったりしたため、食後30分の安静を入れたり、検温、食事量確認、健康チェック表に記入する、「特別の日課（安静時間）」が組まれました。「安静時間」は、担当の先生間で寄り添う係を決めていたそうです。その先生と二人で、自分の健康状態を確認していくのです。自分の状態を理解しながら、見守られている安心を実感する時間だったといえます。

私は、「今日の係は誰？」と心待ちにし、ゆったりとし

自立活動の畑から見るグラウンド

た時間を楽しみ、安心することで症状は改善していきました。部屋担任の先生が泊まりの時は、そばにいてもらうことが多かったと思います。貝塚養護に在学中、私は比較的、年配の女性の先生を好んでいました。きっと、それまでの家庭のなかで十分満たされていなかった親子関係、母性を求めていたのだと思います。

⑸集団生活、日常生活の中での模索

ようやく貝塚に慣れて毎日楽しい日々になりつつありました。何より寄宿舎が自分の世界を尊重してくれる場所だと思えるようになったからです。

寄宿舎生活においては、本当にびっくりすることばかりです。特に時間の流れが速いことにはびっくりしました。起床後から食事の時間までの30分間に「布団、洗濯物干し、掃除」をするのです。寄宿舎生活には慣れてきたものの、それをこなすのは、入舎当初は私にとっては大変な技術の習得を要するものでした。そうなると私自身、できるだけ早く起きなければならないのです。しかし、朝の苦手な私は布団から出られません。「おい、起きろよ〜!」と言われてもなかなか出られません。その間に、周りの仲間はたんたんと自分の役割を果たしていました。私は布団をはぎ取られてようやく起きるのですが、毎回、食堂に遅れて到着していました。そして遅れると、「ちゃんと初めから参加できなかった」という不安感や納得のいかなさを感じるようになっていきました。

それだけではありません、寄宿舎の食事の時間は恐ろしいほど速いのです。当時は、肥満児が比較的多く在籍していたこともあるかもしれません。基本的には約30分の間にみんな食事を済ませて

います。そのスピードに初めはついていけません。「姿勢を正しくしてください、ごちそうさまでした」と当番が挨拶をした瞬間、私は何人かの仲間とぽつんと取り残されるのでした。だから、食べることへの工夫もしました。ほかの仲間は噛む回数が少なく、驚くほど早く飲み込むので、それに負けじと、自分も早く飲み込めるように「パンを口に入れては牛乳を飲む」「ご飯を口に入れては味噌汁を飲む」というように工夫をしました。肥満の子に対しては「30回ちゃんと噛みや～!!」という声が食堂の中で響きわたっていました。

⑹自分に注目してほしい、受けとめてほしい。試し行動

寄宿舎に慣れてくるにつれ、少しずつですが「試し行動」が現れました。それは、私だけに特別に目を向けてほしいと思った行動かもわかりません。

私は発作を演じる・自殺を演じる・リストカット。特に多かったのが「もう死んでやる！」という自殺を装う行動です。嫌なことや思い通りにいかないことがあれば、すぐに学校や寄宿舎の2階に上がり、窓に足を引っ掛け、飛び降りようと見せつけるのです。それをするともちろん、学校や寄宿舎の先生が駆けつけてくれます。友だちも駆けつけてくるのですが、友だちは私にとってはどうでもいいのです。先生が駆けつけてくると「あぁ、自分はちゃんと見てもらっている」と確認し、そこまでは意識がなくても、どこかで安心するのです。先生のいない場所で「死んでやる！」と装ったことはありません。それだけ「自分に注目をしてほしい」､「受けとめてほしい」という思いがあったのです。

トトロの森の入口

はっきりと記憶には残っていないのですが、小学部のころ、とても嫌なことがあり、右手をリストカットしたことがありました。それ以前に左手をリストカットしていたため、右手を切ったということは強く心に残っています。朝食の時間になっても私は食堂に行きませんでした。その日の泊まりだった先生が自分の部屋に駆けつけてきました。隣接する国立療養所千石荘病院につれて行かれ、治療のところまで見てくれました。その時、怒られたという記憶はありません。それよりしっかりと私を受けとめてくれた印象が強く残っています。

やがて、試し行動にも「変化」が見られました。それまでの自殺を装う演技は減り、「森に隠れる」「自分の世界に引きこもる」ようになりました。貝塚養護の敷地内には雑木林があり、そこを「トトロの森」と呼んでいます（17ページの学校平面図参照）。私は、嫌なことがあるとそこに隠れて、先生が見つけてくれるのを待ちました。ある日、思い通りに行かなかったことがあり、「すねて」トトロの森に隠れました。なかなか見つけてくれません。しばらくすると「織原太郎君、どこにいるのですか。出てきてくださ～い」と寄宿舎の放送がかかりました。しかし、それだけでは出たくありません。「先生が来てくれるかな……」と期待をしていると残念なことに2回目の放送がなりました。

先生は来てくれない、でも、待っていてくれる——そして、自分なりにおりあいをつけて、寄宿舎に何事もなかったかのように帰っていきました。先生たちは「お帰り～。どこ行ってた～ん」と、にこやかに迎え入れてくれ、怒られることはありませんでした。この時、私の中では何とも言えない気持ちでした。今振り返ってもそう感じます。そこには「自分を見てほしい」というところは変わりませんが、寄宿舎に対して「安心感」や「期待」する気持ちが芽生えてきたのだと思います。

3 病気と向き合う

(1)手術までの道のり

てんかんの手術の話は貝塚養護の小学部の頃から何度もありました。病院はもちろん、家庭、学校、寄宿舎でも話をしてきました。決断にいたるまで、病気と向き合いながら、手術に向けてさまざまな葛藤をしてきたかもしれません。6年生の頃の日記にも「きょうは ほっさが れんぞく3かいも あったので すごくつらかったです」と書いています。

思い起こせば、定期通院時に主治医からあった説明は、「リスクは8%ある」「手術の手順はまず、皮膚を切って、筋肉を切って、骨を裁断して、脳をかき分けて、海馬にたどりついて、萎縮した部分を切除する」とかなり具体的な内容で、私の頭の中では、8%のリスクの想像や恐怖心など、さまざまなものがめぐり、決心する妨げになっていました。今振り返ると、その説明はある意味で小児医療におけるインフォームド・コンセントであり、必要な同意形成過程だったのかもしれません。

そういった手術への不安や恐怖、見通しのなさといった矛盾に向き合わざるを得ない中、思春期に入り、身体が大きく成長したこと、手術後はやりたいスポーツもできる、一人で帰宅、帰舎もできるなど、発作から解放されると生活が一変するという話を聞きました。〝手術をすれば何でもできる。薬に頼る心配はない〟と何度も教職員や仲間の励ましを受け、中学部2年生の夏に手術を受けることになりました。しかし、手術前の検査時には緊張のあまり、肝心な発作が全く起こらなかったのです。

検査後、貝塚養護に戻ってきた私は、手術に対する不安は当時の自分では表現しきれないくらいでした。友だちの有生は「不安でいっぱいの太郎。俺はただ話を聞いてやるしかできなかった」と言ってくれました。

中学部2年の夏休みに、再検査を無事に終え、手術当日に備えることになりました。

⑵手術当日

手術当日、主治医は他病院に移っており、その病院から駆けつけてきてくれました。家族も来てくれました。手術は9時間かかったそうです。麻酔から覚めて、もうろうとする中で気づいた時には、まわりは真っ暗で、集中治療室の中でした。ベッドの横には家族がいました。その時に母親に握ってもらった手のぬくもりは忘れることがありません。意識が戻ったものの、手術後はとてつもない痛みが襲い、痛み止めを飲んでも治まりませんでした。入院しているお年を召した患者さんから「頑張ったんだね」と声をかけられたときは、「もう少し我慢しよう」と思いました。

4 世界が変わった——生活が豊かに

手術後、夏休みも終わり、2学期が始まりました。特別変わったわけではありませんが、何か世界が変わったような感覚がありました。先生の対応も少し変わったように思いました。特別扱いから普通の扱いになったのかもしれません。その分「何か満たされないような」といった気持ちも生じていました。おそらく、みんなから「手術を頑張ったんだね」と自分に注目をしてもらいたかったのかもしれません。

一方で生活が本当に大きく変化し、充実した日々を送ることができるようになりました。週末や日曜の帰宅・帰舎の通学は、それまで親に車で送り迎えをしてもらっていたのですが、自分で電車通学ができるようになりました。さらに、発作が起きないのでお風呂も一人で入れるようになるなど、生活の幅が広がりました。

何より大きく変わったのは、何事に対しても継続して活動することができるようになったことです。

バドミントン大会、駅伝、陸上200メートル走といった、いろいろな行事に参加できるようになりました。当時、貝塚ではサッカーがブームでした。朝食が終わり、歯磨きをすぐに終わらせると、8時を過ぎたぐらいにはグラウンドに出てサッカーを始めるのです。以前は発作が起きて、途中で抜けざるをえない場面がありましたが、術後はそういったことがなくなりました。

学校でも環境は変わり、授業ペースが早いクラスで勉強するようになりました。しかし、学習に対する意欲は教科によって極端に異なり、数学や社会はとても得意で積極的に取り組んでいましたが、苦手意識があり、わからない英語や国語は本当に嫌でした。英語は特に苦手で、授業のたびに寝ていました。

⑴自分なりの生活習慣の獲得

手術後の寄宿舎生活は、服薬の副作用のため眠気があり、朝は相変わらず起きられません。洗濯物を干す時間をカットするために、夜に干しておくという手段を使うようになっていきました。乾きはあまりよくありませんでしたが、眠気や朝の苦手さを考えると良いアイディアだったかもしれません。

食生活にも変化が生まれました。これまではあまり食べられませんでしたが、手術を境に、朝は、多い日ではパン一斤、昼は2人前、夜はさらに多く食べるようになりました。この頃から「たろう君イコールたくさん食べる人」というイメージになり、残す舎生が食べられない分を「食べて」と言って私のところに持ってくるようになりました。

(2)「仲間」の芽生え(友だち関係の変化)

手術後は活動の範囲が広がり、人間関係も充実していきました。寄宿舎では「部屋替え」があり、寄宿舎生活においては引越しのようなものです。中学部3年になり、さらに部屋替えが行われ、同年代が多いメンバーで構成される部屋へと替わり、人間関係にとても大きな影響を受けました。

それまでは、「自分のことを特別視してほしい」「自分のことをわかってほしい」といった生活だったため、集団の中に入ることはほとんどありませんでした。この部屋に替わったことで、「仲間」と言う意識が芽生えはじめました。同部屋にいる友生君が私の地元近くに住んでいることを知りました。自転車で行ける距離ということもあり、休日には会うようになりました。私にとっては初めて身近に感じる仲間のように思えました。繁華街にあるゲームセンターに行くことになり、初めての世界に飛び込んだような気分でした。それがきっかけで頻繁に行くようになりましたが、お金が続きませんでした。

「このままでは遊べない」と思った私は母親の財布から大金を持ち出し、出かけていきました。そのことはすぐに判明し、寄宿舎で「なんでそのようなことをしたのか」と聞かれ、「友生君と遊びたかった。お金があれば遊べるし……」と言うと、先生からは「お金では友だちはできないよ」と強く言われました。寄宿舎の先生が今回の事情を両親に伝えると、父から「本当に息子にとって、いい友だちができたようなもので、親としては安心もありました」と思わぬ返事が返ってきたそうです。

⑶夜の自分たちの時間

就寝時間9時が過ぎると、そこからまた別の世界が広がります。貝塚養護の寄宿舎では9時以降から延長学習がありました。受験に備えて勉強する子どもや宿題をこなす子どもなどが、9時以降に学習室に集まり、舎監の先生と勉強します。

私自身もその延長学習に参加していました。正直なところ、私の場合は、受験に向けての勉強というより、別の目的がありました。延長学習が終わると夜食が出ます。私はそれを目的にして延長学習に行っていたのです。しかし、夜食といっても毎回必ず出るわけではありません。その日のパンやヨーグルトなどの残りの状況や、寄宿舎の泊まりの先生や舎監の先生次第で、出る日、出ない日がありました。

私が在籍していた当時の寄宿舎内では恋愛も盛んでした。そのため、さくら部屋（男子部屋）で「○○さんのこと好きなんやけど……」「それは告白しないとあかんやろ」「○○さんに告白したん⁇」「なぁ○○さんと手つないだん⁇」「キスは⁇」と、みんな異性の話で盛り上がることもありました。

私も好きな異性がいました。寄宿舎の夜は、まさにその

夜の自主トレーニング

子と過ごす絶好の場でもあり、延長学習にも必ずといってもいいほど一緒に参加していました。それもそのはず、学校にいるうちに「今日、延長学習、出る?」というやり取りをしていたのです。延長学習は勉強目的ではなく、違う目的です。そのため、学習室での席は毎回好きな人のとなり。前にはもう一組のカップルが座ったりという、延長学習どころか、「延長恋愛」といってもいいような場でした。時には舎監の先生の目を見計らいながら手をつないだりもしていました。

この他にも、夜の時間は楽しいことがたくさんありました。思春期を迎える男子集団の部屋(さくら部屋)では、もちろん「エッチな話」も繰り広げられていました。さくら部屋では夜遅くまで比較的多くの舎生が起きています。そこでは「お前やったらエムやろ」「俺はエスやけどな」「お前、絶対むっつりスケベやん!」とエッチな話をしたりします。ビックリする出来事もありました。ある舎生が寝言で「エッチしたい」と言ったのです。周りの起きている舎生たちは、疑う目で「聞いた⁉」「まじで?」というように大爆笑になるほどでした。これらは寄宿舎の「夜の自分たちの時間」があるからこそできたのだと感じています。

5 卒業、その後

進学を控えたある日、「旧大阪市立少年保養所の建物が残っているのだったら、そこを貝塚養護学校の高校にしたらいいのに」と言った覚えがあります。進学先も決まり、手術後から卒業までの時間はビックリするほど早く感じました。卒業が近づくにつれ私は不安になり、荒れることもありました。

両親の別居が現実となり、どちらと生活を一緒にするか、選択を迫られていました。父親とは自分の気持ちをわかってもらえず、自分が暴れたりするので、私は母と妹との3人の生活を選びました。しかし、居心地が悪く、地域には友だちはいません。何をしたらいいのかわからない状況でした。

卒業式後、貝塚養護に毎日と言っていいほど顔を出していました。貝塚養護に行くと、いつものように迎えられ、いつものように事務所に入り、いつものように話をしていました。

4月から高校に行くようになり、新たな生活は異常なぐらいの緊張感が漂い、自分にプレッシャーをかけて通学をしていました。その時、支えてくれたのは、小さい頃から私を見ていてくれたA市の保健センターの相談員や貝塚養護の先生たちでした。

しかし、貝塚養護を卒業した2か月後に、母親が突然亡くなりました。再び父親と暮らすようになり、新たな苦悩が生まれました。しかし私の隣には貝塚養護の先生や仲間がいることを思い浮かべ、頑張ることができました。

最後に

貝塚養護での学びと生活が必要であった「当事者」という側面は現在も持ち合わせています。それは、

第一は、母親が亡くなって、それによる葛藤を抱えなければいけなかったということです。

第二は、病気の再発です。私は貝塚養護に入り、手術の決断をし、改善しましたが、再発し、た

びたび発作が起きやすい状況になり、現在も生活の不便さが顕著に現れています。

貝塚養護を卒業して以来、貝塚養護の教育について関心をもっていた私は、自分の思い出・経験をまとめると同時に、奈良教育大学の玉村公二彦先生のもとで、病弱教育や障害児の生活教育に関する資料整理の作業に携わっています。生きにくさが広がる今、あらためて自分にとって、また子ども・社会にとって、〝寄宿舎教育とは何か〟〝生活の本質とは何か〟を問い直すべきところに来ているのではないかと考えたからです。

寄宿舎教育は、慢性疾患や障害のある子どもたちにとって、重要な位置を占めてきたのではないかと思います。そして、貝塚養護における寄宿舎教育は、常に目の前の子どものために何が必要かという点から考え、実践を創り出してきたといえるでしょう。その歴史的経緯を含め、寄宿舎のある学校の意味を問い直すべきではないかと私は考えています。

実践はいつも「正解」や「答え」があるわけではありません。失敗が「答え」になる時さえあるかもしれません。私のように貝塚にいた子どもたちが、現在を一生懸命に生きていること、この事実のなかから、貝塚養護の実践、そして寄宿舎教育・生活教育の意味が導き出されるのではないかと思います。

私はだからこそ、これからも貝塚養護学校について、発信し続けたいと考えています。

（織原太郎）

※本稿は全国障害者問題研究会第47回全国大会16分科会「寄宿舎教育・生活教育」のレポート「大阪市立

貝塚養護学校の寄宿舎生活〜当事者の立場から振り返る〜」を基に、書き直したものです。

参考文献

1 子育てノート『精神保健福祉ジャーナルゆうゆう』萌文社（1998）
2 大藤栄美子・楠凡之・藤本文朗編『登校拒否児の未来を育む―寄宿舎のあるもうひとつの公立学校』大月書店（1992）
3 大阪市立貝塚養護学校『かいづかのきょういく：学びながら療育できる：創立50周年記念誌』（1999）
4 『障害児教育研究論文、寄宿舎に在籍する肥満・心身症児の心理的な援助に関わる実態把握のあり方と調査研究』みずほ教育福祉財団（2005）
5 大泉溥『寄宿舎教育研究会25年のあゆみと実践の課題』寄宿舎教育研究会（2006）
6 三峰有生『14歳のカミングアウト　性同一性障害を乗り越えて』ポプラ社（2008）

第2部

病弱・身体虚弱教育と貝塚養護学校の歩み

わが国の病弱教育は、戦前から戦後に続く結核対策に始まり、高度経済成長期の喘息児教育、さらに近年の子どもの心身の多様な健康問題への取り組みへと続いてきました。貝塚養護学校（以下、貝塚養護）には、その時々の社会的背景のなかで、子どもの健康と教育の課題を病弱教育の実践として受けとめ、積極的に発信してきた歴史があります。特に、貝塚養護では1960年代の初めから、不登校の子どもの生きづらさをしっかりと受けとめてきた点が特筆されます。それらの実践を貫いているのは、「この子どもに何が必要なのだろう」と考え合う教職員集団が、子どもの願いと発達をいつも大切にしてきたこと、「困っている子どもを見捨てない」学校だったということです。子どもから出発し、子どもに学ぶ——子どもと教職員の学び合いが貝塚養護の実践と歴史を創ってきたといえます。

第2部—1

貝塚養護学校の歴史

はじめに

貝塚養護は戦後いち早く、少年保養所の子どもの学校として始まりましたが、1960年に寄宿舎が設置されてからは、学部と寄宿舎が連携しながら、神経症、登校拒否（後に不登校）、学習障害などの発達障害、被虐待など、さまざまな健康と発達に関する困難を抱える子どもを受けとめた取り組みを重ねてきました。1955年～1980年代までは不登校児童生徒の入学は「虚弱・情緒障害」として受け入れてきました、その後、平成2年全国病弱虚弱教育研究連盟・特別研究委員会答申（1990年）および同連盟「心身症等教育研究委員会新設について」（1993年）により、病弱養護学校は「病類としての心身症・神経症の概念」で統一され、「登校拒否をともなう心身症」となりました。

本章では一般的な不登校としましたが、不登校という用語は同じでも、入学時の見立ては「登校しづらい子」「情緒障害」「登校拒否」「心身症」と、時代により変化してきたといえます。1990年頃、本校の生活の中で、肥満が主訴であっても、その背景に発達障害や虐待、家庭内暴力、家族の病理等がわかり、その子が求める教育内容に取り組みの柱を変更してきました。

1　結核予防対策と戦前の身体虚弱教育

病弱教育は、欧米の国々では産業革命後、都市部での健康問題の深刻化のなかで始まりました。わが国においても明治維新後の急速な近代化と富国強兵策のなかで、国民保健上の喫緊の課題であった結核撲滅のために、結核予防対策として虚弱児童の健康増進・体位向上がめざされました。虚弱児童に対しては都市部を離れ、郊外での長期休業中の健康増進（休暇集落などと呼ばれました）

が積極的に行われました。結核予防のための身体虚弱教育は、学校医との連携のもと、通常学級のなかで健康に特別な配慮が必要とみなされた子どもを対象に身体虚弱児のための特別学級で行われ、健康状態の改善がみられた子どもは通常の学級に復帰していくというものでした。

1940（昭和15）年の厚生省事務次官通達「都市小児結核保養所設置ニ関スル件」に基づき、小児結核の予防を進め、青年結核の予防がめざされました。大阪市では、太平洋戦争開戦のなかで「国家の非常時にあったのに、年々壮丁の体格が低下し筋骨薄弱者の増加」は重大な問題（大阪市保健局長の回想）として、小児健康相談所の設置を計画していたことが記録されています（全国病弱教育史、1990年）。

大阪市立保養所は1943（昭和18）年に設置されました。当初入所時は135名で翌年には60名に減少し、1946（昭和21）年には6名になりました。全国病弱教育史（1990）には「街には数百の結核児童が発見されながら、学業を放棄しなければならなかったためである」と述べられています。戦前の病弱教育では、結核療養中の子どもやハンセン病の子どもなどへの学校教育は保障されていなかったのです。

2 大阪市立少年保養所と分教室設置

戦後、憲法・教育基本法のもとでも、病弱者を対象とする病弱養護学校は学校教育法に位置付けられず、病気の子どもは治療優先とされ、就学猶予・免除の対象となっていました。

正 誤 表

以下の誤りがありましたので、お詫びして訂正申し上げます。

96 頁　見出し 2

大阪市立少年保養所と分教室設置　→　「大阪市立少年保養所と附設貝塚学園設置」

97 頁　2 行目

南中学校　→　南中学校分校

奥付　＊第 1 部・第 2 部の執筆および協力者

三木千恵子　→　二木千恵子

貝塚学園　1948年

そうした中でも1948年に大阪市立少年保養所では、大阪市立大宝小学校分校、南中学校として、附設貝塚学園が開設され、「学びながら療養」できる少年保養所としてスタートしました。校長と3名の教諭で始められましたが、2年後には保養所はほぼ満床となり、学園では178名の子どもを7名の教諭で指導に当たったとされています。

この背景には、当時、子ども・家族が入院による長期の学業中断・放棄を望まず、保養所入所者が少ないという問題が生じていたため、「学びながら療養できる」少年保養所として充実を図ったという経緯があります。

(1)「生活指導」の重要性

家庭から離れて療養する子どもの不安は大きく、厳しい療養生活を余儀なくされていました。南川泰三著『貝塚少年保養所』(2013年)にはそうした様子が描かれています。治療行為の効果を引き出すためには生活指導における教育の役割が不可欠でした。そのため貝塚少年保養所では、「療養の合間に学ぶ」ではなく療養の中心は「生活療養」という考え方で、「治療と教育は車の両輪、そのシャフトは生活の指導」と位置づけた取り組みが始められました。こうした意気込みの中で、病弱教育の教育内容・方法が工夫され、特徴的な形態として「枕頭教育」「放送学習」「保養体育」

などの実践が開始されました。

１９５１年に、附設貝塚学園から大阪市立郊外貝塚小・中学校として独立したことを機に、学校機能が高まり、実践と研究への機運が昂揚していきました。保養所の病棟を転用した不十分な施設設備のなかで、２００名の病児に対して６名の教職員という体制では当初の目的を達成できないため、「独立した学校を」という陳情が続けられた結果でした。「独立したとはいえ、貝塚市の母子寮舎を移築転用」した不十分なものでしたが、校舎・運動場の整備を行いました。

郊外貝塚小・中学校　1951年

⑵病弱虚弱教育研究活動
１９５２年には文部省保健実験学校指定を受け、１９５３年には研究紀要『結核児教育　第一集――学びながら療養編』がまとめられました。
さらに、１９５４年に文部省結核実験学校、１９５８年には文部省特殊教育（病弱教育の部）研究指定校となり、いずれも研究紀要にその成果がまとめられました。また、大阪府で開催された病弱虚弱教育全国協議会（１９５９年）で発表し、貝塚の教育は全国に知られるようになり、大阪府病弱虚弱教育研究会（大病研）、全国病弱虚弱教育研究連盟（全病連）の結成などにおいて中心的役割を果たしたといえます。

3 大阪市立貝塚養護学校の開設と寄宿舎創設

「公立養護学校整備特別措置法」制定（1956年）によって、設置に際して国庫補助が受けられるようになり、各地に養護学校が次々と生まれていきましたが、病弱養護学校が学校教育法に位置付けられたのは1961年です。しかし、大阪市ではいち早く、1957年に大阪市立貝塚郊外小・中学校が大阪市立貝塚養護学校として新たに出発し、新校舎と施設設備、教職員の拡充が行われ、教育内容においても一段と充実が進みました。

例えば、「学校保健計画では保健学習を重視し、保健体育を実施し」養護・体育へと発展していきました。

また、結核児の治療は、治療後のアフターケアをもって完結するという考え方で、寄宿舎設置が強く要望され、1960年に寄宿舎が実現しました。

ここに至る過程では全国少年保養所所長会議（1951年）で、大阪市立少年保養所がサナトリウムになることを宣言し、軽症の子どもを受け入れる寄宿舎を学校に設置するという提案を行い、厚生省関係者から貝塚がテストケースとして「治療の済んだアフターケア児と、戦前の

貝塚養護学校　1957年

寄宿舎開寮　1960年

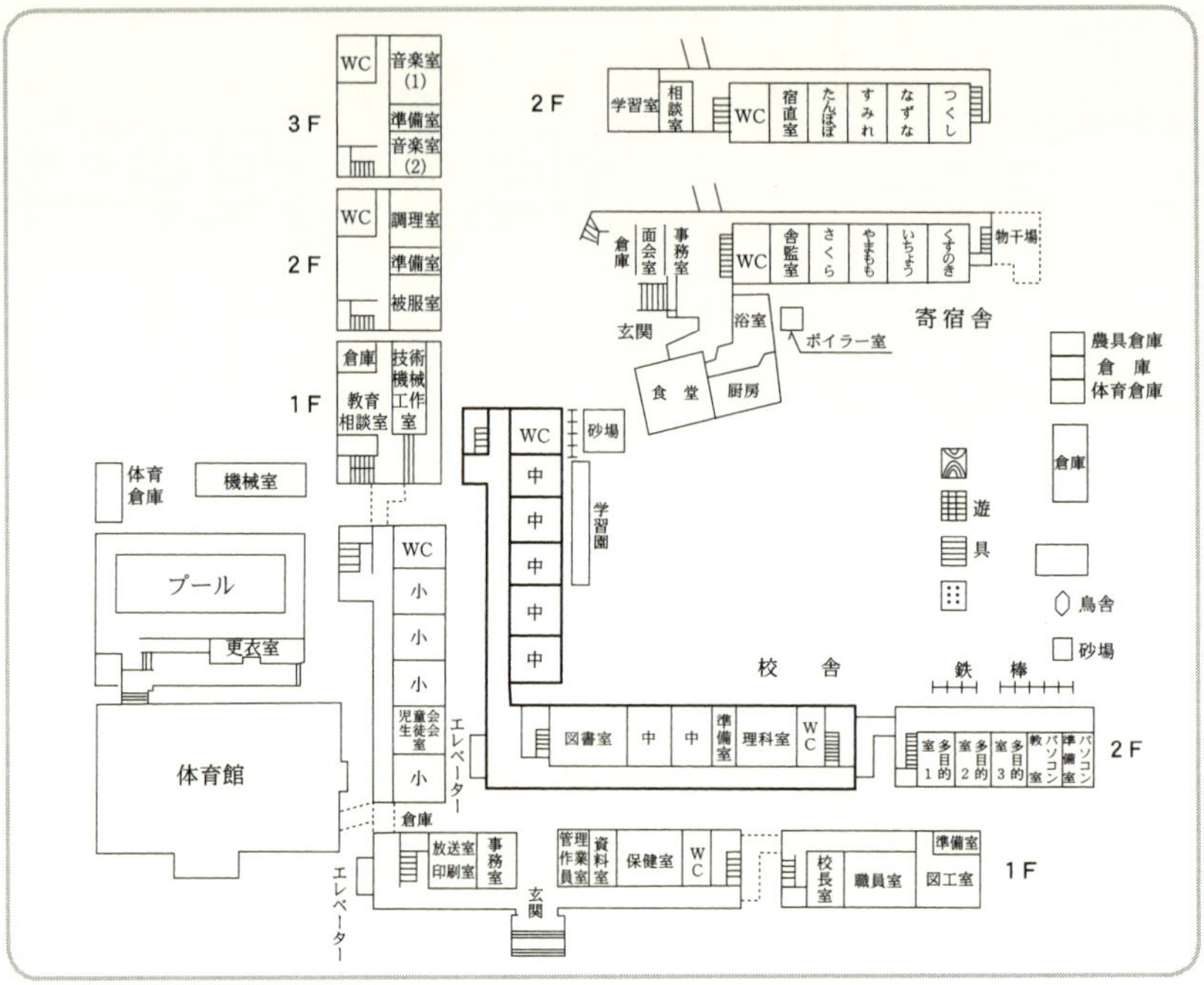

学校平面図

健康学園の性格を受け継いだ虚弱児」を寄宿舎で受け入れる方向が提案されて動き出したとされています（「かいづかのきょういく12集」１９８４年３月）。寄宿舎創設によって、結核治療のアフターケア児の他、欠席の多い虚弱児、自律神経失調症等の９つの対象児（昭和36年２月学則50条）６名を受け入れることになりました。

通常、治療を受け、病状軽快となれば退院となり、家庭での生活規制によって治癒となるのですが、「家庭の事情により生活規制実施不可能の場合」もあるとして、「大阪の病弱虚弱教育15周年記念誌」（１９７６年11月）、「碧空（あおぞら）第５集」（１９９８年）、「かいづか第8集」（1974年）等の記録では、「かつ最近の傾向として入所治療者には生活困窮者が多く、公的補助の関係で入院治療を早期に打ち切り退院となる。入院生活は治療第一であり、学習も生活も当時の最高最新医療をもってしても規制生活なくしては完治には至らない。入院治療は規制生活プラス治療であるとすれば、学校は規制プラス教育」であると説明されています。ここには治療と生活、そして、学校教育の保障を結合した取り組みの重要性が、いち早く打ち出されていたといえます。

そして、「療養における生活規制は他律的な生活」であるのに対し、「寄宿舎の生活規制は自律的な生活」（貝塚教育第7集、1968年）をめざし、長い療養生活の後の原籍校復帰へのギャップを埋める教育実践が積極的に進められました。医療と学校に寄宿舎が加わることにより、医療・家庭と前籍校との橋渡しの場が完成し、保護者の経済的負担軽減となり、病弱教育の場の総仕上げとなっていったといえるでしょう。

4 もうひとつの虚弱児教育——助松養護学校

大阪市の虚弱児教育にとって、助松養護学校の歴史を見落とすことはできません。虚弱児施設として、1934年に医師である田中正治によって大阪市教育会助松学園が開設されました。

田中医師は市に働きかけ、1939年、一期3か月をめやすに大阪市内の虚弱児を対象とした転地型の大阪市立助松郊外学園となり、400~500名の入園児がありました。戦禍が広がる1944年後半には入園者はいなくなり、学童疎開先、戦後は児童福祉施設（戦災孤児養護施設）とされましたが、1960年に助松養護学校として再出発しました。

学園時代から阪本アヤ医師が常駐し、その後も大阪市立大学と連携した喘息児教育が行われました。高度経済成長期には工場排煙や自動車排気ガスによる大気汚染が広がり、喘息児の治療と教育が切実に求められていきますが、堺泉北臨海工業地帯造成が進み、同学園の立地条件が悪化したため、同校は、貝塚養護学校と合併しました（1967年）。

1939年の大阪市立助松郊外学園の出発から始まった大阪市の虚弱児教育は、貝塚養護学校に継承されていくことになりました。

5 喘息児の増加とその教育

1967年4月には大阪市立少年保養所に喘息児病棟「つくし寮」が開設されましたが、医師らの配置が遅れ、秋までは入所できませんでした。4月に助松養護学校から移籍した喘息児28名を含め、78名が貝塚養護学校寄宿舎で生活しました。寄宿舎には派遣保健婦（保健師）が1名配置されましたが、寄宿舎職員はこれまで通りの寄宿舎生の指導に加え、夜間の喘息発作の対応に追われた半年でした。同年11月に、貝塚養護学校寄宿舎に移ってきた喘息児のうち約半数が病棟入院となり、残りは自宅に戻ることを余儀なくされました。その後、生駒喘息、淀川喘息と公害病に苦しむ喘息

喘息体操

児の入院と転入学が急増していきました。
1971年、養護学校学習指導要領に機能・訓練が取り入れられたことに伴い、貝塚養護学校では今までの実績を活かして、喘息児の機能・訓練として、生活指導と病気理解、そして呼吸法訓練を3つの指導内容として位置づけた実践を進めました。とりわけ太極拳を取り入れた指導は大きな成果を収め、研究会においても注目を浴びることになりました。

6 新たな虚弱教育——健康問題の多様化

大阪市立少年保養所は、1983年には「結核取り扱い廃止」に伴い「腎疾患の取り扱い」を開始しましたが、1992年には閉鎖されました。それに代わって、貝塚養護学校に隣接し徒歩数分の国立療養所千石荘病院小児科入院の児童生徒の受け入れが始まり、小児喘息、アトピー性疾患、腎炎、心臓病等、病種が多様化していきました。

また、1993年には、大阪市内の病院への訪問教育が開始され、血液疾患や腎疾患、小児がんなどの子どもを対象とした学習指導と養護・訓練等が行われるようになりました。

当時の貝塚養護学校の児童生徒の実態は、①多病種・千石荘入院児 ②虚弱、肥満児 ③心身症

④病院訪問教育という4つのパターンになっていきました。特にこの時期には、社会生活の様式の変貌のなかで成人病の身体症状をもつ児童生徒が増加し、「生活習慣病」「小児成人病」として注目されるようになります。

さらに2000年を迎える前後からは、心身症、不登校、発達障害などの割合が増えていきました。入院期間の短縮に伴って児童生徒数は減っていきましたが、深刻な困難を抱えた事例が増え、生活と教育、福祉と教育などの連携した家族支援が必要になっていきました。

7 健康問題とさまざまな発達課題への取り組みと特別な教育的ニーズの視点から

戦前からの身体虚弱教育の変化と貝塚養護学校の歴史を振り返ってきましたが、特に1960年代以降、身体の健康問題だけでなく、さまざまな発達に関する困難を抱えた子どもを受け入れながら積み重ねてきた貝塚養護学校の実践は、障害だけでなく、子どもの特別な教育的ニーズに応える教育・学校のあり方を問いかけています。こうした役割を充実・発展させることは、学校教育にとって大変重要な今日的課題だといえるでしょう。

60年代以降に顕著になってきた身体虚弱児の実態について、特別な教育的ニーズの視点からまとめてみたいと思います。

(1)登校しにくい子どもの受け入れ――神経症、起立性調節障害（1960年代前半）

60年代を迎えると、寄宿舎では神経症の子どもや、発熱・風邪をひきやすい子ども、食欲不振の起立性調節障害など、「学校へ登校しにくい子ども」の姿がみられるようになりました。こうした子どもの転入学は教育委員会のほか、児童相談所、大阪市立大学医学部付属病院、小児保健センター、精神神経科医師などからの紹介によるもので、特に医療機関がそのほとんどを占めていました。子どもの健康問題が多様化し、通常の学校生活のなかでの対応の難しさと病弱養護学校の役割が医療関係者のなかで認識されていった時期だといえるでしょう。

71年、大阪市立小児保健センターの要請で「本人を一時家庭から切り離して、集団生活の中で精神面での指導を図る」として登校拒否児、神経症児等を受け入れるようになりました。70年代に入ると登校拒否的要因を併せ持つ虚弱児が増えました。こうした子どもの多くは学校不適応から、生活不適応や成熟過程の困難などが生じていることが特徴でした。

しかし、家庭の教育的関心は高く、子ども自身も学習の遅れへの不安が強く、学校へ行かなくてはという強い意識をもっていました。

この時期の子どもは、入学するとそれまでの生活を一変させ、対人関係の広がりを見せ、旺盛な行動意欲で学校生活を楽しむ姿がみられました。そして腹痛・頭痛などの身体症状は2〜3か月で消失し、半年くらいで前籍校に戻っていきました。

⑵肥満児の増加（1960年代後半から1970年代）

この時期は、受験教育の激化のなかで、地域の子どもの遊び集団が弱まり、家庭での生活も変化（インスタント食品等の普及）していきました。当時大阪市内の小児肥満児出現率は「65年に2・14％に達し、73年が5・2％、75年に5・5％」と上昇傾向を続け、小児の成人病といわれる糖尿病、肝障害、高血圧等が問題化してきました。医療や学校現場において肥満対策が急務になりました。

この時期には肥満児が十数名入学してきましたが、受け身で依存的な生活態度や、人の話を聞けない、自分の思いに固執し、激しく他人を攻撃する、些細なことで傷つくといった姿が見られました。そのため、「遊びの日」を設定するなど、清掃活動・園芸活動・文化活動とさまざまな具体的な活動や周囲に働きかける活動を取り入れ、生活を広げるとともに、自治活動を重視しました。葛藤場面や苦手で経験のないことで身体症状が出てしまいがちでしたが、「やれば楽しい、やればできる」という自信を引き出す取り組みが続けられ、多くの子どもは状態が改善していきました。

肥満児指導では、「食事」「運動」「生活習慣」の改善を重視した実践が進められました。その効果は、高度経済成長のなかで社会から注目されることになり、減少した児童生徒数が回復し、寄宿舎教育の当初の目的が活かされていきました。

1995年には、大阪市教育委員会の研究校（養護教諭）指定を受けて「肥満児教育の研究」として、「効果的な肥満解消の指導法」をテーマに2年間の実践研究が行われました。肥満児教育が重要な課題となっていった時期だといえます。

その後、肥満が主訴であっても、その背景に、不登校、家庭内暴力、ネグレクトというように問題を抱えた子どもが入ってくるようになりました。

(3) いじめによる不登校と家庭内暴力、被虐待（1970年代後半～）

70年代後半の学校現場では校内暴力、学級崩壊が進み、教師集団は落ち着いて子どもと向きあう時間が取れず、同時に、学校管理が強化され、体罰問題も広がっていきました。本来、困った時に受けとめてもらえる場所であった保健室・相談室は使用禁止になるなど、学校の中に子どもの居場所がなくなり、不登校の子どもが増えていきました。

心身に不調をきたした子どもは、児童相談所・医療機関・保健所から紹介されて本校に見学に来るケースが増え、こうした子どもから「貝塚にいじめはありませんか」「先生は殴りませんか」という質問が出されました。また、学校で我慢していた内気な子どもの中には、家庭に帰ると家庭内暴力を繰り返すという事例が少なくありませんでした。

こうした子どもたちは、本校が「安心できる場」になると「仲間意識」「所属感」を強めました。その結果、これまでの無気力・無感動、共感しにくいという姿から、荒れる中学校そのままの「逸脱行動」を示していきました。寄宿舎からの脱走、放置自転車を乗り継いで帰宅する、果実農家のみかんを失敬する、物の持ち込みが頻繁に続く等。子どもは各職員から厳しく注意され、最寄りの駅と警察に、職員は親とともに謝罪に回ることもありました。

１９８０年代は虐待を受けている子どもの実態に直面していった時期でもあります。彼らは、学校のなかで安心感を得て信頼できる大人と出会い、夜、遅くにこれまでの家族との重い経験を少しずつ語ってくれるようになるのでした。

この時期にはひとり親家庭が二十数％を占め、生活保護・就学奨励費1段階が65％に上り、家庭の経済的な困難、日常生活における養育の困難が顕在化していきました。家庭のなかに子どもを支えてくれる存在が得られない状況が深刻化していきました。こうした段階になると、通常の学校での不登校対応は行き詰まり、学校・医療・福祉機関での取り組みも限界が見えてきました。「もう貝塚しか考えられない」「貝塚が最後の砦」という期待が寄せられました。「学校始まって以来の困難さを抱えた子どもがまとまって入学」し、貧困と家庭崩壊の中で福祉的援助が不可欠になっていきました。

⑷発達障害、ネグレクトなどの重複した事例の増加（1990年代）

肥満で入学する子どもの多くにさまざまな診断名がついていました。心身症、発達障害、アスペルガー症候群、ヒステリー、神経疾患、てんかん、アトピー性疾患など、複雑な心身の健康問題を抱えるようになってきました。発達障害による感覚過敏や集中の困難などを抱えてきた子どもには、乳児期からの不十分な保護や暴力、ネグレクトから人を信じることができないなどの深刻な二次障害が見られました。けれども、学校のなかでトラブルを起こしながらも受けとめられ、支えられる経験を通して、ゆっくりと人を信じ、生きる力を回復していったのです。

8 貝塚養護学校の廃校と大阪市立光陽支援学校、大阪市立視覚支援学校（寄宿舎）への移管

貝塚養護学校は、常に医療施策に左右されてきました。

1970年代後半以降には「少年保養所はもうすぐ閉鎖になる。したがって貝塚養護学校も廃校になる。学校長はその事後処理をやらされるから、そのつもりで」と歴代校長は告げられてきました。また、学校周辺の広大な土地活用の議論がされてきました。少年保養所と千石荘病院が医療施策で閉鎖されると、隣接する病院がなくなり貝塚養護の閉鎖の大きな理由に挙げられてきました。

2006年に貝塚養護学校の「児童生徒の入学停止」が下されると、直ちに「貝塚養護学校を守る会」が保護者・卒業生・職員を中心に結成され、取り組みを開始、学校存続を求める請願書名は21万筆にもなりました。しかし、その3年後に学部は大阪市立光陽特別支援学校（肢体不自由）の病弱部として、寄宿舎は大阪市立視覚支援学校の光陽病弱部として2か所に分離されて出発しました。学校と寄宿舎は地下鉄で二駅離れた位置となり、貝塚養護学校時代のように、同一敷地内で常に子どもの様子を確認し合い、方針を共有することの困難さもありました。結果的に貝塚養護学校で学んでいたような子どもが入学してくることはなく、光陽特別支援学校の担う病弱教育は大阪市内の病院に入院する子どもの教育へと収束されていきました。

おわりに

以上のように、貝塚養護学校は時代の要請と対象児の変化に合わせて、「友だちとともに葛藤を乗り越え、自分を発見する場」として、子どもの生活と自分づくりを支える実践を創り出してきました。それを可能としたのは、学校と寄宿舎という2つの世界がしっかりつながって存在したことだったといえるでしょう。
本稿は、主に研究紀要「かいづかのきょういく」と「大阪の病弱虚弱教育」を基に書かれたものです。この歴史でもおわかりのように、貝塚養護は実践研究を積極的に行い、実践の記録・分析を数多くまとめてきた学校でした。貝塚養護学校閉校までの61年間には、校舎の全面改築と2回の寄宿舎の改築がありましたが、特に最後の校舎閉鎖の時期に貴重な実践資料等が廃棄されたり、散逸したりしてしまいました。そのため、病弱教育の実践的教訓を継承していく必要があると考える貝塚養護学校の旧職員を中心に、残された貴重な資料を掘り起こし、保存に努めてきました。こうした地道な取り組みが今回の歴史部分のまとめにつながりました。

（織田武文・清水広美）

第2部―2 子ども理解と学校づくり

ここでは、1980年以後の多様な課題をもった子どもの入学と置かれた環境の変化のなかで進めてきた子ども理解と学校づくりを述べています。子ども理解を進めるため、学校と寄宿舎の連携を密にし、日常的に関われる協力体制を作り上げてきました。家族とのつながりを緊密にするだけでなく、子どもの発達課題に即して医療、福祉、前籍校と連携してきました。また、職員の資質向上のため、校内研究・研修をはじめ、校外の研究・研修会にも積極的に参加し、貝塚養護学校（以下、貝塚養護）の実践に反映させていきました。

1 たどり着いた「雑木林に囲まれた学校」

JR天王寺駅から1時間ほどで最寄りの和泉橋本駅に到着します。1時間に1本のバスを使い、千石荘前停留所で下車し、700メートルほど坂道を上ると貝塚養護にたどり着きます。

貝塚養護を見学する子どもたちは、貝塚養護を転出・卒業した子どもやその保護者、転勤した教職員、医療や相談機関等から紹介されて来校します。学校見学は自分を押し出す新たな挑戦の始まりで

バス停から玄関までつづく坂道

した。
見学の前日は、どの子も不安でほとんど眠れません。けれども、長く拒んでいた制服を着て緊張と夢を膨らませ、来校してきました。
該当学年の授業見学をし、寄宿舎見学では、学習の様子や内容の説明を受けます。寄宿舎見学では、職員から、個性的で大げさなニックネームの自己紹介とさまざまなエピソードに満ちた生活や日課の説明を受けると安心した様子がみられました。教室の様子をチラッと見て退室する子や、うつむいたまま教室を素通りする子には別の教室で説明します。掲示されている子どもたちの「今学期の努力目標」、時間割表や作品に目が留まり、案内途中で会話や学校について質問できる子は「入学の意思がある」と受けとめました。
見学を終えた子どもたちは、次の入学相談に進み、その後に大阪市立総合医療センターで健診を済ませて入学してきました。

⑴入学・転学の流れ

入学のシステム
学校見学→入学相談→入学指導委員会→大阪市立総合医療センター健診→貝塚養護学校転入

⑵揺れ動く心を次につなげる体験入学・体験入舎

１９８０年代半ばを過ぎた頃から、「和泉橋本駅に着いたが動けない」「（貝塚養護の）隣の国立療養所千石荘病院玄関まで来たが動けそうにない」という連絡が入り、学校見学が難しい子が少しずつ増えてきました。

１９８９年頃より入学の判断を急いで求めるのではなく、本人が納得できるまで何回も体験入学や体験入舎をする機会を設けました。そのことで多くの子どもが入学できるようになりました。

一方、学校見学、体験入学の子を迎える貝塚の子どもたちはどんな思いだったでしょうか。入学する前の自分を思い浮かべ、学校・寄宿舎生活のあれこれを見学者に紹介します。「オレは中２の途中から、あの子は２週間前に貝塚養護にきた」と入学時期を話したり、見学者の不登校期間を尋ねたりします。そして、「私は１年生から」「僕は６年の時から」「大丈夫、オレより短い」と励ましていました。

見学者が帰ると「前の俺みたい。初めは緊張して、しんどかったけどすぐに慣れると思う」「貝塚養護に来たらいいのに」と感想を職員に話し、見学した子の入学が気がかりで、学校・寄宿舎の掲示板を毎日のように確認に来ます。これからの人間関係がどのように変化し、どのような関係を結び、自分の居場所をどう確保していくかという心配でもありました。

2 子どもたちの抱える困難を受けとめて

(1)貧困の深刻化と学校の福祉的役割と生活教育

1970年代以降、就学奨励費の全額支給の家庭が毎年7割近くを占め、家計は困窮していました。さらに1980年代になると経済的理由による不登校児が増加してきました。家庭訪問をするとペットの異臭やゴミ、畳には穴もあり、後日、家族と職員が一緒に掃除と畳の入れ替えをすることがありました。似たようなケースでは、家庭訪問に行く時はゴミ袋をしのばせ、いつでも掃除ができる用意をして出かけました。

1990年代には、まがりなりにも3食手を加えた食事が作られていた家庭は3割ほど。家庭の中で社会のことを学ぶ機会が希薄になり、安心できる居場所も失われがちな子どもにとって、学校と寄宿舎の24時間の生活そのものが福祉的役割と生活教育を担うようになっていきました。

(2)子どもが語る「重く辛い人生」——虐待を受けた子どもたち

1980年代後半は、虐待を受けている子どもの実態が明らかになってきた時期でした。

ある生徒は義父から暴力を受けても、母には「転んだ」としか言えず、この時の血の付いた手形が壁に残り、見るたびに当時のことを思い出してしまうと話してくれました。

また、ある女子生徒は「夜に母親が仕事で出かけると義父と二人きりになるのが怖くて眠れない。母が帰宅しても何も言えなかった」と重い口を開いてくれました。帰宅日は必ず母親に在宅してもらい、長期休暇中は一時入所できる施設を探し、安心して生活を送ることができるように配慮しました。

また、別の生徒は、「寄宿舎ではご飯のお代わりができる」とわかり、入学の決断をしました。しかし、帰宅時には、警戒心からすべての私物を持ち帰ります。小学校時代から歯科治療を受けたことはなく、入学後、初めて歯の痛みを訴え、診察に連れて行くと歯茎にピンポン玉大の膿が溜まっていました。

どの子も、重く辛いものを抱えながら一生懸命生き、けっして虐待された事実を口には出しません。けれども、職員はどんな些細なことも見逃さず、本当の気持ちが聞けるまで根気よく付き合い、夢とロマンを語りかけました。

24時間の生活を通して、子どもと本気で向き合い、時間をかけて関わるなかで、半年もすると心の封印が解かれ、職員との信頼関係が子どもたちの心をほぐしていきました。子どもたちは「私をもっと知って」「助けてほしい」と涙をこぼしながら訴えるようになっていったのです。

3 医療、児童相談所、福祉事務所等と連携した取り組み

さまざまな生活上の困難を抱えた子どもと出会い、関係機関との連携なしには子どもが守れなく

なってきました。

(1)医療との連携

親や子だけが受ける通常のカウンセリングでは十分に埋めきれない部分がでてきました。その点を補うために、学級担任と寄宿舎部屋担任が学級・寄宿舎での行動記録を携えて直接、主治医に相談に行きました。医師からは学校からの情報提供が治療の手がかりになると言われ、「指導に困った時は援助を惜しまない」という約束をもらいました。また、安心して子どもを託せる学校だと信頼してもらうことができ、試験通学や転出等の指導方針の検討にも積極的に関わってもらえるようになりました。お互いが率直に話し合い、方向を一緒に考える連携が深まり、医療機関が積極的に貝塚養護を必要としている子どもを紹介してくれる広がりをみせていきました。

(2)福祉事務所、児童相談所との連携

学校で把握した家庭の様子や親の健康状況を伝えました。場合によっては保健所からのヘルパー派遣を要請しました。また、部屋の破損がひどい時は職員が修理に入ることもありました。それでも改善できない時は、福祉事務所のケースワーカーに働きかけ現状を見てもらい、転居の手続きを進めました。子どもにとって、家庭が少しでも健康に成長できる場となる方向を強く求め、実現していきました。

また、親の疾病や精神的な問題などがある子どもには、児童相談所と連携して、児童福祉施設入所を勧めました。施設入所した子どもたちは高校、大学に進学し、夢を手にすることができました。希望する進路保障だけでなく、転出・卒業後の安定した居場所を見つけることも貝塚養護の大切な役割の一つでした。

4 学部と寄宿舎の垣根を越えた職員集団作り

学部と寄宿舎は、それぞれが独自に研究活動をしてきましたが、子どもの病種が多様化すると、学部と寄宿舎という二つの場が共通理解しながら、それぞれの役割を果たす必要性が高まってきました。

(1) 一人ひとりのケースを掘り下げる校内研究

学部と寄宿舎共同の研修は1978年から始まりました。合同の研究会を月2回にし、不登校、肥満、喘息、自閉症等関心のあるテーマを自主的に出し合い、実践に困っている子どものケースを掘り下げました。子ども理解が深まるにつれ、即実践に役立ち、子どもを見る目も変わっていきました。学級担任、寄宿舎部屋担任が別々に実施してきた家庭訪問も一緒にするようになりました。子どもの未帰舎（日曜日に寄宿舎に戻らないこと）の問題が起こった時には、子どもの抱えている問題点を、学部の課題と寄宿舎の課題、両方に共通する課題という3つの視点で整理し、指導にあたるようになりました。

⑵学部を超えた寄宿舎との合同会議

2000年頃からは、対人恐怖症、学習障害、統合失調症などを抱えた子どもが増えてきました。特に中学部の教科担任からは、教科指導のためには入学相談資料だけでは不十分だという声が聞こえました。転入生の学習上の配慮を考えるために入学までの生活の様子、学習のつまずきや空白などを含め、小・中学部合同のケース会を新たに設け、やがて寄宿舎も加わりました。

さらに、学部別の教科学習以外に小中合同の縦割りの活動（自立活動・クラブ・委員会）も多いため、行事と子どもの大まかな連絡の場であった学校寄宿舎連絡会を小学部・中学部・寄宿舎の合同ケース会議に発展させました。そこでは指導に困難さのある事例を報告・検討し、わかっているようで、詳しくはわからなかった他学部の児童・生徒への理解と関わりがいっそう深まりました。

⑶子どもの昼の顔と夜の顔をつなげる――寄宿舎・学部の情報交換と連携

寄宿舎では朝夕2回の職員の「引き継ぎ会議」、職員全員が話し合う週1回の会議があります。会議の終了とともに「先生、聞いて。○○チャン、帰宅中にこんなことがあったみたいよ」と寄宿舎から情報をもって職員室にやって来ます。そして、学級担任と部屋担任の打ち合わせの光景がくり広げられます。また、教員は空いている時間を利用して、学校の様子を寄宿舎に連絡します。こうして事実を確認し、指導の方向を出し合って実践を進めていきました。

寄宿舎では教員が舎監を務めます。貝塚では教員が順番に学校勤務を終えた後17時から翌日の8時半までが舎監勤務となり、翌朝はそのまま学校の勤務に就きます。舎監になると一緒に食事や風呂、学習と、子どもたちとの接触時間が増え、昼間と違った生活の様子を肌で感じることができます。消灯後、寄宿舎職員（２人）が全員のカルテに記録をしている時に舎監も同席、学校と寄宿舎での様子を語り合っていると、いつもながら日付が変わるまで話し込んでしまいます。翌朝には出勤してきた各担任に泊まりで得た情報をつなげていきました。

5 子どもの抱える課題を前籍校や他校につなげて

(1)「仮性適応」と試験通学

１９７０年代前半までは、本校職員も不登校の認識は浅く、十分な指導方針をもっていませんでした。

当時は、入学（母子分離）し、集団生活に適応できることを主な目標にしていました。運動や遊び、労働等の体験を積み重ね、児童会・生徒会や寄宿舎自治会等の係活動に積極的に参加させ、人間関係の幅を広げる取り組みをしました。貝塚の集団生活にも慣れ、行事に主体的に参加し、健康状態が良くなれば小学生は1年ほど、中学生は2年ほどでスムーズに前籍校復帰、もしくは高校に進学していきました。

ところが、１９７０年代中頃から高校進学後に再度、不登校になってしまうケースが出てきました。これまでは集団生活への適応、対人関係の拡大と充実を目標にし、貝塚養護の生活に馴染み、状態が良くなったら前籍校復帰、卒業できるものと考えていました。しかし、これは貝塚養護での

「仮性適応」だったと気づかされました。

そこで、在学中に取り組める方法として、前籍校復帰・卒業までに地域の学校で同年代の大きな集団に参加させ、自分を試し自信をつける必要性を考えました。前籍校復帰の課題を示さなければ問題もなく過ごしているように見える子どもに「揺さぶり」をかける指導方法です。学校と医療と保護者、そして前籍校と話し合いを重ね、試験通学（貝塚養護に籍を置いたまま前籍校に1日から1～2週間、多い子で数回に渡る通学）の実施にふみだしました。その後、不登校や家庭内暴力の重複したケース、不登校の潜在したケースが増え、どの子にも試験通学を体験させる必要性が増してきました。

> **転出のシステム**
> 退舎選考委員会→医療センター健診または主治医の意見書→試験通学→前籍校復帰（転出）

1980年代になると、学校でのいじめや人間関係等に関わる不登校、家庭や本人の問題で入学する子が増え、地域社会で安心して生活することが難しい子どもが目につくようになりました。帰宅・帰舎時にいじめられた生徒に出会わないように「最寄駅を避け遠回りする・タクシーに乗る」「長期休業中は外出を控え、出かけるときは遠くのスーパーや商店街に出かける」といった対処でなんとかやり過ごしますが、卒業後はいじめた子たちといつかは顔を合わせます。避けて暮らすことはできません。貝塚で生活する間に、不登校が生じた学校と地域社会の中で生活できる力を育てることが不可欠です。周りの子たちと新たな関係をつくり、自分自身を確かめる取り組みとして新たな試験通学が始まりました。前籍校復帰が一番の目標ではなく、周りとの関係修復を図り、成長した姿を確かめてもらい、貝塚養護での自分の課題をはっきりさせることを大切にしました。

(2)子どもの不安を吹き飛ばした貝塚養護学校見学会

学校としては、貝塚養護への転入学から卒業にいたるまで前籍校との深いつながりを築いてきました。しかし、子どもの認識は少し違い、「引越ししたので今の学校は知らない」「中1の初めから来たので地元校の様子が全然わからない」「今の担任は誰かな」と不安をのぞかせます。前籍校に居場所がないまま貝塚養護に来ていたわけです。こうした子どもたちの不安を解消するために、入学後の様子を前籍校の先生方に直接見てもらう必要がありました。1987年から年に2回、前籍校と関係機関に案内状を送り、「貝塚養護学校・寄宿舎見学会」を行ってきました。

子どもたちは、前籍校の先生が会いに来るといううわさでもちきりになり、「困った、どうしよう」「家庭訪問の時、便所に隠れて会ったこともないし」などと緊張と不安が漂っていました。当日は「机の中、ロッカーを見てもらおうかな」の一声で、教室から寄宿舎までが見違えるほどきれいになりました。

見学会の授業参観では普段以上の力を発揮し、参観後は子どもを交えて、来校者、担任、寄宿舎担任と懇談をしました。子どもは精一杯自分の思いを語ります。前籍校の友だちの話題や学校の様子が楽しく語られ、これまで抱えていたこだわりや心の傷が少し癒され、前籍校復帰あるいは進学することへの意欲が高まっていきました。

参加した学校からは「人を恐れ集団に入れず、担任以外は声を聞いたことがなかった子が『先生、オレ』と肩をたたいてきました」と、貝塚養護で成長した子どもの姿に驚きと喜びが語られました。見学会を機会に前籍校への子どもたちの理解が深まり、中学部3年生に細かな進路情報が届けられるようになり、新たな子どもの転入学・教育相談も寄せられるようになりました。

⑶地域への啓発

貝塚養護では、1980年頃から肥満の理解啓発のため、大阪市内の幼稚園・小・中学校を対象に、毎年「夏季肥満児教室」を開催してきました。また、学校生活になんらかの問題を抱えている親子を対象に「療育相談会」を開き、学校関係者を含めて個別懇談を行い、親子と学校関係者が次の進路につなげていく方法を相談していきました。

6 不登校の子どものさまざまな学習保障――一人ひとりのニーズに応えて

1970年代には「優等生の息切れ」といった不登校が多く、ゆったりした生活のなかで安心すると立ち直っていくタイプがほとんどでした。しかし、80年代を迎えると、低学年児童の不登校要因として、先生が怖い、給食、友だち関係、学校行事、体育などがあげられるようになりました。高学年では学習や仲間関係などのストレスから神経症や心身症、喘息を発症し、欠席が目立ってきました。中学部では勉強と仲間関係、いじめ、家族の状況などの不登校の要因が共通して見られました。そして、不登校期間が1年半を超えていると、特別の学習対応が必要でした。

貝塚では、「少人数による学習」と「習熟度に応じた国・数・英の個別学習」で学習に自信をつけ、前籍校に戻っても困らない学習の取り組みをしてきました。しかし、寄宿舎に泊まれず、教室にも入れなくて母親と一緒に登校する子ども、泊まることはできるが、教室に入れない子どもたちがいました。

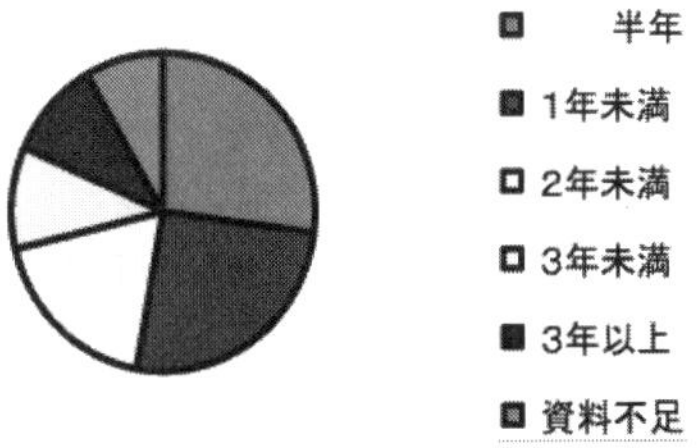

入学までの不登校の期間

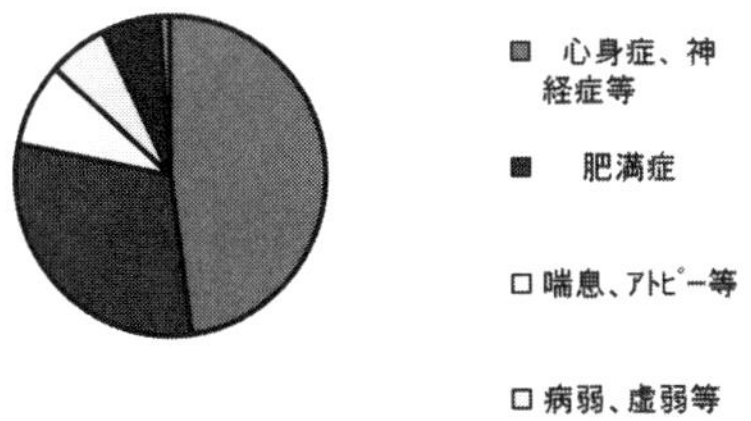

本校に入学時の主訴

(1)家族と一緒の「親子教室」

宿泊ができず、母親と一緒であれば登校できる子には、その日の状態で母親と一緒に学習する柔軟な「親子教室」の授業から始めました。時には妹も一緒に机を並べ、少しずつ机を離します。母親に用事をつくってもらい、やがて母親の姿がなくても学習が可能になりました。2学期になって原学級での学習が可能となり、運動会後に宿泊できるようになりました。

⑵寄宿舎への「出前授業」から出発

登校して来ないので様子を見に部屋を訪ねると、布団にくるまっていました。そこで、「出前授業」を行いました。初めは子どもの希望する教科や教員から。授業を受けない時は寄宿舎職員が話を聞き、作業をしたりします。やがて、いくつもの教科に広がり、3か月ほどで出前授業を終えることができました。

⑶保健室は第二の教室

不定愁訴で教室での学習ができない子には、学校と寄宿舎全体が見渡せて、他の子どもたちの活動の様子がよくわかる保健室が「第二の教室」になりました。抵抗の少ない教科から始め、自信と興味のある教科へと広げていきます。ドリルやプリントで勉強をしながら、合間に教師とおしゃべりをする。しだいに、どの教科をどこで受け、どの時間は休養するのか、選択の範囲を広げ、「第二の教室」を基地に、所属する学級の学習に参加できるようになりました。チャイムとともに養護教諭から「次の勉強、頑張ってや」の声かけと、教科担当の「さあ、授業に行くで」の誘いがかかり、エンジンを始動し一緒に教室に向かいます。これ

保健室前（1階）

らの子どもたちは、学期始めや行事をきっかけに教室学習へ移行することができました。

⑷長期欠席とさまざまな障害のある生徒の定着学級

1990年は対人恐怖、学習障害、境界例、統合失調症と医療との連携なしにはやっていけない子が一度に入学してきました。当然、保健室にも教室にも入れない、本校始まって以来と言えるほどの指導困難な子どもたちで、一つの空き教室を「定着学級」として学習の場を設けました。

定着学級は「自然への参加と体力づくり」を中心に、「勉強の仕方」を学びました。「学習への自信をつける基礎学習を重点に、所属学級に戻る力と進学しても困らない基礎学力をつける」ことを目標にしました。

授業中は10～15分しか身体がもたず、ある生徒は所かまわず床にへたり込みます。教員も一緒に寝転びながらの学習でした。別の生徒は身体症状がきつく、5、6月というのに「寒い寒い」と言い、暑い日ざしを背中に浴びて、寝そべりながら授業をすることもありました。

定着学級は生徒の登校したその日、その時間の状態に合わせた取り組みをしていきました。仲間関係が深まるにつれ、発足して3か月後には、ある程度揃って学習ができるようになりました。

⑸「泊まれない子」に帰宅日の保障と登校日の約束

入学しても、人間関係や1週間の生活が負担となり、すぐ身体症状に現れ、家に引きこもってしまう子どもが出てきました。数回の学校見学を体験し入学しましたが、寄宿舎に1泊もできず、通学する生徒や、週の半ばでの「臨時帰宅」を条件に入学する生徒たちが出てきました。泊まれない子どもたちは、家庭不和や兄の家庭内暴力、学校でも叩かれたり、蹴られたり、唾をかけられるいじめを受けるなど、抱える悩みや苦しみは深く、幼稚園、低学年の頃から集団に馴染むのが大変困難でした。

子どもたちの心の傷を十分に受けとめ、子どもの困難な状態を親と語り、親を励まし、共に方向を探っていきました。翌年からは週の前半または後半で帰宅することを認め、どの曜日に登校し、いつ泊まるか、通学方法を子どもに選択させ、家庭で過ごす時間を認める柔軟な取り組みをしていきました。

7 子ども、親、教職員が一緒になって

腹痛や倦怠感、不眠といった心身症状をもって入学してきた子どもたちは、貝塚養護の生活に慣れると症状が薄れてきました。しかし、1980年代は貝塚養護始まって以来と言えるほどの問題行動に振り回されました。

(1)逸脱行動は指導の転換点

体力がつき、野球やバスケット、ランニングに興じるようになると、帰舎途中にビールを飲みながら帰ってきます。ポルノ雑誌や菓子を持ち込む。帰宅・帰舎途中にテーマパーク等へ寄り道をす

る。ちょっとしたいさかいから1人が校内を飛び出すと、後を追いかけた数名がそのまま突っ走って、寒い夜中に自宅に帰ってしまう無断外出、こうした逸脱行動が頻繁化してきました。

1990年代は、寄宿舎生徒の8割以上が不登校で入学してきた生徒であり、家庭内暴力を振るってきた生徒が数名まとまって入舎することもありました。その子どもたちは家庭や母親の話題になると体を震わせ苛立ちを隠せず、また、上級生や力関係に敏感で、下級生には凄みをきかせていました。けれども、半年も経つと普通に関わってくれる大人の世界を知りました。生活の中では仕事をサボっては職員に叱られていましたが、爪が割れたといっては職員と保健室に処置に行くなど、甘える姿が見られるようになり、帰宅した時に「また蹴ってしまった」と反省の言葉が素直に聞かれるようになってきました。仲間と過ごすなかで母子の会話が生まれ、将来を語り始めていきました。

当時は、家計を圧迫しかねない小遣いを手にしていた子が多く、決まった小遣いを管理させるため、全員に小遣い帳を持たせ、中には本人名義の貯金通帳も作らせて金銭感覚をもたせるようにしました。また、生徒会や学級の係、寄宿舎自治会「あゆみの会」など、係活動の場をふんだんにつくり、誰もが主人公として責任をもち、人と関わるなかで仲間を信頼し、自己信頼感を高めるように取り組みました。

無断外出といったさまざまな問題行動にも、初めて真剣に自分と向き合う大人（教職員）と出会い、進む方向を一緒に考えてくれたことが、その後の子どもの生き方の支えになりました。

(2)親同士のつながりを深める「宿泊見学会」や「親子スポーツ」

親同士は帰宅・帰舎時、参観日、学校行事に顔を合わすこともありますが、時間に追われお互いの子どものことでゆっくり話し合うことはできません。学級懇談会では、家庭内暴力のあった生徒の母親が「今は優しくなりました。まだ、安心はできませんが、本当にこれからです」と話し、それを聞いていた親も「うちの子もこんなふうに変わってくれるんだ」と感じとっていました。親同士が悩みを語り合い、自信の生まれる取り組みをする必要性を感じました。

そこで「寮生を育てる会」主催で親子宿泊見学会を実施し、子どもたちの生活を親に見てもらい、同時にわが子以外の子どもと一緒に活動に参加してもらうことを通して、子どもが今、何を求めているかを知ってもらう取り組みをしました。夜は職員を交えて、世間話や家のことを気軽に話し合える井戸端会議で親同士が互いの悩みを打ち明け、他の子どもの成長した様子を聞き、これからの子育ての手ごたえとなるものを感じていました。

また、貝塚養護学校後援会（ＰＴＡ）主催のソフトボール大会では、親子、職員を交えた交流試合をしました。子どもはふだん家で目にしない親の真剣な姿に、親は子どものはつらつとしたプレーに驚き、親と子が改めて家族のあり方を見直す機会になりました。同時に貝塚に子どもを入学させて良かったという確信を得たようです。

(3)「ヤッター」――参加したことが成長の証

１９８５年、放課後にキャッチボールやバスケットをしているグループを集め、自分たちの力を試してみようと交流試合を提案しました。とりあえず代表者が決まりA市の中学校に行き、日程とルールの打ち合わせをしました。ソフトボールの交流試合に向け、メンバーを募りながら放課後の練習を開始しました。「貝塚精鋭」メンバーがやっとそろい、相手校へ出かけ試合開始。当日は相手校生徒の挨拶、機敏な動きや服装に圧倒され、緊張感が漂っていました。相手校には1、2年生主体のチームと配慮してもらいましたが、完敗でした。それでも、観戦に出かけた女性軍から「かっこよかったよ」「目立っていたよ」の声に埋めつくされました。観戦に行けなかった子からは「参加したかった」の声があがり、選手たちは夜遅くまで興奮していました。

1993年から始まったバスケットボールの交流試合のため、放課後や自由時間に練習をし、1年もすると職員と対等に勝負できるほど上手くなり、地域中学校との交流試合を皮切りにバスケット部とも試合をするまでになりました。すると心構えから変わってきます。職員を見つけては誘いをかけ、こんなに一生懸命にボールを追うことができるのかと思うくらい熱心に走ります。普段は朝起きが苦手な子どもたちも、薄暗い中で早朝練習に取り組みました。いざ試合が始まると、周りの雰囲気と声援にも慣れ、これまでに蓄えてきた力を発揮しました。

一方、バスケットにも運動にも興味がなく、生活にメリハリのなかった大人しい子がバスケットの練習を見る中でスポーツに興味をもち、遊び感覚でバドミントンを始めました。それを見ていた子が興味をもち、子どもたちの中に広がっていきました。やがて、4人のメンバーで大会に出場しました。会場で試合を待つ間は矢継ぎ早にしゃべり続ける子、一人離れて草むらで早い昼食を食べ始める子、それぞれが緊張と戦っています。一人が入賞すると一緒に喜び合い、参加の回を重ねるごとに弱点を話し合い、励まし合う関係が生まれ、緊張と不安のなかで、お互いが寄り添い、支え合う連帯意識が育っていきました。

そして、1994年からは陸上大会や地域のマラソン大会、大阪城駅伝と、大きな大会へと交流の輪を広げていきました。大会は自己記録を伸ばすことだけでなく、出場すること、完走することに大きな意味がありました。各校の鍛え抜かれた陸上選手の中で力いっぱい走ることが自信につながります。「KAIZUKA」の赤く目立つユニホームを着て走る。これを応援する子どもたち、家族、職員、卒業生のパワーにもすごいものがありました。ビリでフラフラになってゴールした選手を取り囲み、「よくやった」「えらかった」と大騒ぎしている様子を他校の陸上選手は不思議そうに眺め、「どこの団体や」と囁いたりします。しかし、選手たちは「ヤッター」「やりぬいた」と輝き、これまで周囲を気にして過敏に反応していた自分に打ち勝ち、参加したことが「成長の証」となりました。貝塚は失敗しても励ましの言葉を受け、成功は賞賛の声で迎えられる――運動を通して仲間同士が育ちあえる集団でした。

8 自分を見つめる自立活動

1976年に設置された肥満児学級では、肥満児指導（Aグループ）として肥満解消と生活習慣の立て直しを目標にしてきました。しかし、3年も経つと肥満と不登校、ネグレクトなどが重複した子たちが入学してきました。そのため、肥満を解消した後は、「肥満以外のその他の病種を主訴とした指導グループ（Bグループ）に移行する体制を設けました。

Bグループは、「意思の伝達」「身体機能の向上」「心理適応」等の活動を目標にしましたが、仲間と一緒に助け合うプロセスを大事にする工夫をしてきました。

⑴運動表現活動

入学した頃の子どもたちは体力があまりなく、歩く、走る姿勢もどことなくぎこちない様子です。散歩を取り入れ、貝塚養護の自然に触れ、ゆったりとした時間を過ごし、心を解放していきました。また、仲間とふれあう経験が少なかったことから、集団で楽しむゲームやスポーツでは学年差や困り感を配慮して、みんなで話し合いながら「貝塚ルール」を決め、一人ひとりが活躍できるように工夫しました。

⑵創作活動

創作活動は、感覚機能を高め、一人ひとりが自分の思いをどれだけ表現できるかを大切にした活動でした。裏山に入り、竹や木、ツル、粘土等の貝塚養護の自然素材を生かした木工細工や土器作

野焼き

散歩

り等をしました。野焼きの最中はワクワク、ドキドキしながらできあがりを楽しみにしていました。

⑶表現・文化活動

子どもたちは、これまで周囲の評価に敏感で萎縮し、硬い鎧に身を包んできました。表現活動は自分を見つめ直すとともに、「考え、判断し、場に応じた行動ができる」力を培う学習でした。

自分の思いを言葉に出す「自分史」や、ゲーム感覚でできる「サイコロスピーチ」、心を表現する和太鼓、ダンスや劇、ペープサートなどを通じて、人前で表現する取り組みをしました。子どもが主体的、意欲的に関わり、周りの子との関係を築き、仲間関係がどれだけの広がりをみせたかを大切にしてきました。

農芸活動

⑷農芸活動

農芸は３００平方メートルほどの土地で作業をします。耕し、植え付け、草引き、水やりと、作業は普段あまり使わない筋肉を使います。肥料は３キロほど離れた牧場にリヤカーでもらいに行き、裏山の落ち葉で腐葉土作り、冬は運び出した木で草木灰作り、収穫時期には家でほとんどしたことがない調理を体験する収穫祭でした。

雨天時には協同作業で多様な道具を使い、大テーブル作り、丸太小屋作りと、協力して製作する活動をしてきました。これまでの知識を生かし、見えないところを常に頭に入れ、打つ、切る等の作業で、農芸は粗大筋肉運動であり、働くことを学ぶ場でした。

9 仲間とともに取り組んだ学校行事

⑴運動会

9月初めに昨年の運動会ビデオを視聴し、いよいよ紅白のメンバー発表です。どの子からも一喜一憂する声が上がります。その日から子どもと教職員が紅白に分かれて秘密裏の練習が始まります。紅白から選ばれた子どもと職員の実行委員は開・閉会式、紅白のテーマ作り、応援合戦の中心的な役割を担っていくことになります。

放課後は体育館と玄関ホールを交互に使い、夜は寄宿舎で練習をします。お互いの熱気あふれる応援の声だけが伝わり、当初、しり込みしていた子も仲間集団を意識し、エンジン全開となり、盛り上がりをみせていきます。プラカードを持つ係を嫌がっていた生徒も、仲間から「プラカードを持ってほしい」と言われ、ようやく運動会の前日に決意し、夜明けとともに部屋の生徒と一緒に行進の練習を始めました。本番は自信にあふれた顔でプラカードを掲げて入場行進する姿が誇らしげでした。

運動会当日は、連発花火の合図でスタート。一番の見所と盛り上がりは貝塚養護の運動会の伝統でもある紅白に分かれた応援合戦です。全員が何らかの役割を果たし、背中を押してくれた仲間、観ていた保護者や卒業生、職員の声援にいっそう自信を深めた貴重な経験になりました。

⑵文化祭

文化祭は少人数のため、学年、学部、自立活動等の発表のほか、子どもと職員の有志が一緒にする演技や保護者が参加する出し物等、プログラムの内容は豊富です。

文化祭発表に向け、まず各班を編成してテーマを決めますが、病弱養護学校では時期を問わず子どもの転出入があります。リハーサル時に転入生があるなど、発表前日になっても配役が決まらないこともありました。体調を崩し、当日欠席する子が出たりもします。子どもたちは臨機応変に授業の合間を利用し、それぞれが自分なりに台詞を変え、幕間を使って配役を変えるなどして、全員がやりぬいていきました。

発表を終えるまで、昼は学校で、夜は寄宿舎で、仲間とともに練習し、子どもは憂鬱になったり、不安になったりしますが、決して逃げ出さず、最後まで堂々と発表したことで自信につながりました。

10 そわそわし、キレやすい子どもたち――発達障害の子どもたちとの関わり

1980年代にも肥満と微細脳損傷と診断された子がいましたが、1990年を過ぎると不登校と学習障害、その後は不登校や肥満を主訴とした発達障害の子どもが入学してきました。医療、相

談機関から少人数学級と24時間の教育的対応がなされていることで紹介されるようになってきたのです。

これまでの地域の学校生活では一人孤立し、仲間の中になかなか入れなかった子どもたちです。クラスの中では落ち着いて人の話が聞けず、自分の思いを聞いてもらえないとパニックになっていた子どもたちでした。遅刻にこだわり、3時起床、7時33分に家を出発しないと落ち着かず、少しでも遅れるとリズムを乱し、午後からの登校か欠席という子どももいました。

貝塚養護に入学後も、「キレる」と玄関ガラスを蹴破る、消火器で廊下から階段を真っ白にする、刃物を職員に突きつけるといったパニックが見られる子どももいました。パニックの後には親子と一緒に話し合いを重ねてきました。また、医療と親と学校が一緒に相談をし、何がこうした行動となってしまうのか、取るべき教育的対応とこれからの課題をはっきりさせていきました。

どの子も入学した当初は、あの子に通じた指導がこの子に通じるといった方法はなく、手探り状態で始まりました。しばらくすると子どものこだわりや特性もわかり、その子に合った対応が少しずつ取れるようになりました。

⑴集中できず苛々して落ち着かない時

気分転換に学校周辺を散歩するとか、一対一でボール遊びやゲーム等をして過ごすと気持ちがずいぶん落ち着きました。また、トラブルを起こした後は面会室や相談室等の狭い部屋でゆっくりと話を聞きました。話を聞く時は、時計とカレンダーをそばに置いて場所と時間経過を整理し、同時に小黒板に行事や印象に残っているエピソードを交え、絵を描きながら一つひとつ確認していきました。

良くない行動には、「そのことはダメ。その時はストップ」等の簡単な言葉で注意し、少しでも我慢できたことは大いに褒め、「次からは思ったことを簡単な言葉で言ってみよう」と励ましていきました。

体調が優れない時は、保健室の狭い空間やベッドの下などで心を落ち着かせ、職員が聞き手になりました。静かに休める場が確保できたことと、自分を理解してもらえる人を得たことが状態の回復につながり、その子が変わるきっかけにもなりました。

(2)豊富な語彙と話の意味の取り違い、聞き間違い

子どもたちは豊富な語彙を使い、話すことは大好きですが、しっかり話を聞けません。「改札は駅でお金を替えること(両替)」「鶏糞は胸がわくわくすること(興奮)」という意味の取り違えがあり、「盆地を墓地」「双生児をソーセージ」といったような聞き間違いも多くありました。授業の始めには、「わからない言葉があればわからないと言う」約束をしました。それでも言葉の意味を理解しあうだけで落ち着くことも多くありました。

(3)机の上に最小限のものを置く、途中休息時間の保障

他の生徒の机上には、多くの学習用具や資料集が置かれています。発達障害の子には注意が散漫

にならないよう最小限の教材とカードなどの視覚に訴える具体物を使いました。

学習空白とつまずきがあり、学習の定着が難しく、すぐに忘れてしまうので、繰り返しの学習が必要でした。学習課題は10～15分ほどで達成できる内容、努力すればできる内容を用意しました。途中の休息を設け、周りの子には「その子の苦しさ」「気持ちを切り替えるために必要だ」ということを理解してもらい、その子に合った学習のペースを工夫し、目標をもたせるようにしました。

⑷苦手な書字、作文、絵、運動。

「ユ」と「エ」、「.it」と「.is」等の間違いは頻繁です。また、字はわかりづらいことが多く、そのため漢字や英単語の練習を休息時間や宿題にしました。人が読めればハナマル、読みづらければ○か△をつけていきました。

一日を振り返る日記を書くことにも取り組みました。しかも、書いていると考えがいっぱい浮かんでしまい、数日かかる子もいました。そこで、「いつ、どこで、誰と、何をしたか」の枠づけをしました。

絵を描くことは苦手でした。頭ではわかっているけど、思ったように描けません。そこで見本を見せていきました。他方でぬたくり画や意外性のある内容は大好きで、美術は好きな科目の一つになりました。

体育のボール運動では、捕球の瞬間や打つ瞬間に声を掛けタイミングをとる、教具は大きなボールに、バットはラケットに変えて事前に練習し、クラスの子と一緒に活動していきました。

⑸周りから認められ、初めて恋をする

ある生徒は、周囲の子の理解が進み、ゲームやネット等で話し合える仲間ができ、仲間との信頼が深まり、周りから慕われていきました。家ではいっさい異性のことを話すことはなかったのですが、初めての恋をしました。不器用ながら思いを告白し、ふられて落ち込むが、くじけずにアタックします。相手の気持ちを考えることができず、自分の思いを主張ばかりしていた彼が、初めて人の気持ちを汲み取る貴重な体験になりました。

このような子どもたちには、短期目標から、前籍校復帰や進学までの長期目標を提示し、課題を保護者と本人に確認していきました。褒めるだけではなく、課題や内容も本人が自信がもてるように取り組みを進めてきました。教師は、子どもの話を正しく聞く力、わかるように話す力、お互いの気持ちをうまく伝え合える力を獲得する技を身に付けなければならないことも学びました。

11 貝塚養護学校を振りかえると、今の自分がある

2005年に卒業生・転校生にアンケート調査を行いました。貝塚養護を転出・卒業してから、貝塚養護で学んだことで良かったと思えることは、「人との関わり方」「規則正しい生活習慣と学習に自信がついた」「親や人に頼らず自立できた」ことが挙げられていました。進学してから役立ったことは、「スポーツ活動」「自立活動」でした。

9割以上は仕事に就いて、家庭をもち、ふつうの生活をしていますが、「体調を崩している」「仕事探しをしている」「現在も通院を継続している」という青年もいました。それでも、多くの青年から出る言葉は「前の失敗を繰り返したくない」「貝塚養護があっての今の自分がある」といった感想でした。

卒業生に聞くと、今の仕事や家庭生活で参考になっている点は、やはり「人との関わり方を学んだことであった」と述べていました。このように子どもたちにとって貝塚養護は、「仲間とともに共有できる世界を発見し、個人も成長していく場」「他者に依存しつつ、自分への信頼感を獲得する場」であったといえるでしょう。

（清水広美・田中賀陽子）

第2部―3

寄宿舎での生活と育ちあい

貝塚養護学校（以下、貝塚養護）の実践では、寄宿舎と学部の実践が車の両輪のように子どもの生活と発達を保障してきました。養護学校の数が少なく、遠距離通学を余儀なくされていた時代には、寄宿舎は不可欠なものとして理解されていましたが、近年は「学校もたくさんできたのだから寄宿舎の役割は終わった」という考えが行政の主流になりつつあります。それに対して、寄宿舎のもつ教育的な意義を貝塚養護をはじめ、全国の特別支援学校の教職員・保護者は指摘しています。

今日の社会では、生活上のさまざまな困難が子どもの発達を阻んでおり、家庭だけでその困難を解決するのは難しくなっています。けれども、寄宿舎の役割はただ家庭の役割の「肩代わり」ではありません。生活と仲間のなかで子どもの生きる力を育ててきた寄宿舎の魅力・教育とは何か、貝塚養護の実践は生きいきとそれを語りかけています。

1 寄宿舎の生活

寄宿舎生活のなかには、分担された役割・労働がたくさんあり、みんなが主人公になれる場面が無数に用意されています。人との関係をできるだけ避けて通ってきた子どもたちが、ありのままの姿を受け入れてもらいながら、健康な心と身体をつくり、寄宿舎で主体的に話し合いや活動に参加しはじめます。集団生活なので、必然的に生まれる子ども同士のトラブルもたくさんあります。そのことが子どもたちをさらに大きく成長させてくれます。子どもたちは仲間との暮らしでたっぷりと時間をかけながら、幸せに生きていく力を獲得します。

貝塚養護にやってくる子どもたちは、昼夜逆転の生活や極度の経験不足の子、困窮な生活を強いられて生きることで精いっぱいだった子など、それぞれに多くの課題を抱えています。寄宿舎が安心できる場であることを大前提にしながら、基本となる日課を軸に生活の基盤を立て直していきます。しかし、貝塚養護ですから、その子に合わせて特別ルールをつくることは当たり前で、子どもの状態に応じて柔軟に対応します。

(1)寄宿舎の一日

寄宿舎の日課は、その年代の子どもたちの状況によって柔軟に変化してきました。

かつての日課は、起床6時40分、朝礼7時（ランニング・体操・掃除）、7時30分朝食・登校……昼食・掃除・再登校……と盛りだくさんの一日になっていました。その頃を過ごした卒業生が寄宿舎にやってきては、「何で俺たちの時にこの日課にしてくれんかったんや!!」とブーブー文句を言っています。

いつの時代も自由時間はありましたが、専門部活動、クラブ活動、関係者の話し合いなど、子どもたちの自由時間にも実にさまざまな活動が入っていました。子どもたちは「これは自由時間違うやん」と訴えます。とは言うものの、何も行事がないと「暇や。先生何かしようやー」と誘いに来る始末です。自分たちだけではなかなか遊びが成立せず、職員がリーダーとなり、遊びを組織することもよくありました。

表1 日課

時間	活動内容
7:00	起床　洗面　掃除 洗濯物干し　身辺整理
7:30	朝食
8:00	歯みがき　登校準備 畑作業　など
8:20	登校（8：45まで自由活動）
12:30	帰舎（下校）　昼食
13:20	登校（13：45まで自由活動）
15:40	帰舎（下校）洗濯物整理
16:00	おやつ
16:20	宿題　学習時間 専門部活動　個別活動
17:40	夕食準備　配膳
18:00	夕食
18:30	入浴　洗濯　自由時間
20:30	就寝準備
21:00	学習時間
21:30	舎室消灯
23:00	就寝

(2)「ご飯を食べるだけじゃない」——食堂編

貝塚では朝・昼・夕の3食を寄宿舎の食堂で食べます。食事のテーブルは部屋ごとで、朝のトースター準備、配膳当番、日直の仕事など、各部屋で決められた仕事分担があります。トースター準備といっても、寄宿舎には新旧いろいろなトースターがあり、子どもたちの中で焼き具合や微妙な違いで人気があるものが存在します。当番に当たった子は配膳時間よりも早く食堂に行き、何としても目当てのトースターをゲットしなければなりません。起床すると真っ先に食堂に駆けつけ、トースターだけ自分たちのテーブルに置いてホッとしてから朝の身支度を始めます。特に、食事制限がある肥満解消グループの子どもたちにとっては、朝の重大な任務の一つになっていました。

食堂は、食事はもちろんですが、男女が顔を合わせる公の貴重な場です。部屋ごとのテーブルに分かれて食べます。男女とも「どの部屋で暮らしているのか」「小学部のやんちゃな真人は、中学部の先輩グループでしばらく面倒みることになったんやろうな、きっと。○○君たち、優しいな」と、誰がどのテーブル（どの部屋メンバー）なのか、座席の位置を確認しながらお互いの想像をめぐらせます。食堂全体の顔を見渡せる席、他のテーブルから横顔が見える（見られる）席と、座席によって人気度は違います。入舎間もない頃は、恥ずかしくてみんなの視線を避けるように、仲間に背を向ける席を好んで選ぶのですが、自分に自信がついてくると「眼差(まなざ)されたい」「好きな相手を少しでも眺めながら食べたい」気持ちが強く、席の取り合いが生まれます。座席を決める話し合いでは「舞ちゃんは食べるのがゆっくりだから、みんなのほうを見ながら食べると遅くなるんじゃない？」と、やんわりと周りを見渡せない席をすすめたり、自分が好きな席にすわれるようにあの手この手を打ってでます。

そんな子どもの心の動きもよくわかり、職員は心の中でニヤニヤ子どもの育ちを確認しています。

(3)フォークダンス

人との関係づくりに課題をもつ子どもたちなので、気持ちを表現することや、相手との距離を取

表2　週案

日	月	火	水	木	金	土
午後帰舎		部屋会議	生活作業 ミーティング	フォーク ダンス	放課後 帰宅	自宅

りづらい子どもがたくさんいます。しかし、異性に興味はあり、「触りたい、触れたい」という思いは思春期なら当然のことです。

寄宿舎では毎週フォークダンスをしていました。今どきフォークダンス⁉　と思うでしょうが、これは、運動が苦手な子どもでも練習すればできるようになる素晴らしいものです。正々堂々と公の場で手をつなげると、今どきの子どもたちも〝まんざら〟ではないようです。王道の曲に加え、その時代の子どもに合わせて、曲をビートルズやマライア・キャリーにして……と、振り付けも貝塚オリジナルです。

「ただいま!　今日は、フォークダンスある?　最悪〜」と、事務所に寄ってフォークダンスがあることを確認すると不満を口にしながら去っていきます。そんな女子も部屋をのぞくと髪をといたり、着替えたり……集合時間になっても、わざとなかなか集まらないのですが、呼びに行くと抵抗することなく、まるで待っていたかのような様子の男子。子どもたちの言動には気持ちとは裏腹なことがよくあります。

音楽が流れ、1曲鳴り終わる間に、子どもたちでつくった輪を次々とパートナーチェンジしていきます。職員は「手をつないで！」「しっかり寄り添って!!」と声をかけながら踊ります。「うるさい！」と言い返したり、お目当ての子と踊っている子は目くばせしてきたり――みんな照れながらもいい顔をしています。

しかし、曲が短かったり、2曲目が逆回りの曲になってしまい、パートナーチェンジが一周せず、お目当ての子と踊れずにその日のフォークダンスが終わることもあります。散々みんなの前で「フォークダンスなんていややや」と言っていた子どもが、みんながいない場所で「（うまくパートナーチェンジできるように）ちゃんと見とってや!!」「（みんなの前では）俺の口からは言えない」と、職員に訴えにきます。もちろんそんな時には、「気がつかなくてごめんね」と配慮が足りなかったことを謝ります。

こんな風に職員は子どもの思いを汲み取りながら、週1回はフォークダンスを運動場や中庭（雨の日も寄宿舎のホール）でするなど、工夫して続けています。子どもたちと企画する大きな行事の時にはフォークダンスがプログラムに必ず組み込まれているほど、子どもたちの中に浸透しています。

(4)恋愛のススメ――性教育とともに

思春期を迎えた子どもたちは異性に興味いっぱい、貝塚養護で健康を取り戻していく子どもたちも同じです。しかし、間違った情報が子どもたちの周りに溢れ、男女の話についても思い込みや片寄った情報に振り回されています。寄宿舎では、「男女2人だけで話したい時は、誰からも見える場所でする」がルールになっています。次々とつき合う相手が変わる子や、初めて恋をする子もいます。相手の気持ちを大切に考えてつき合うことは、なかなか困難で忍耐のいることです。

共同生活なので2人の行動にはみんなからの視線がいつもあります。うらやましい気持ちとイケズも含め、職員が指摘する前に仲間から不満を言われることはよくあります。周りに支持されるようなつき合い方ができるよう、話し合いを組織しながら見守っています。勘違いで相手を怒らせたり、やきもちを焼いたり、好きな相手の気持ちが自分の思いだけではどうにもならないことを悩んだり……そのことも人として育つ大きな役割があると考え、「恋はたくさんしていいよ」と話しています。

寄宿舎の性教育として、男女の身体の仕組みから生命の誕生・避妊について、卒業までに指導します。学部で受ける保健体育の授業とは違い、みんなで畳や床に座って向かいあい、子どもたちからの質問もいっぱいの性教育です。職員の恋愛の話から恋愛経験・リアル出産話まで個性が光るものになっています。

生活の場でする身体のしくみや恋愛の話は子どもたちは興味深々で質問も真剣です。思春期の子ども集団に「今夜は大事な話しようかな」と投げかけると、「会議？　性教育か？」と、性教育も寄宿舎では日常的になっているので、子どもたちも興奮気味で楽しみにしています。寄宿舎の性教育では「基本編（身体のしくみ）・生命の誕生」は必ずどの子にも話をすることになっています。職員が計画をもってするのは、「基本編」と、卒業学年は男女とも「避妊の方法」もコンドームを触って具体的に確実に教えていきます。

１９９０年代後半、性教育をすることに職員にテレがあったり、得意な先生にお願いしたりすることが多かった時代がありました。「子どもたちがさらされている実態に合わせた性教育を‼」「〝できない〟〝自信ない〟なら練習しなさい。生き方を教えるんや‼」と職員同士が叱咤激励しながら〝誰もが当たり前の性教育をしよう〟と努力してきました。人任せにしていた職員も必死に学習を深め、「職員のほうが身構えて、まじめなお話として本を読みながら話す」「笑い声や子どもの声がたくさんでなかなか終わらない」といろいろなタイプの性教育が展開され始めました。そして見事に、どの年代の職員も性の話ができるように成長しました。それは子どもたちがいろいろな人の生き方が聞ける機会となり、実り多いものになっていきました。日常的に行う恋愛の話や性教育は、夜の気持ちがほぐれた時間にすることもあってか、いつもより素直になり、子どもたちから本音がポロポロと出てきます。ついつい消灯時間が過ぎても話し込んでいることもよくありました。

2 気持ちを膨らませて――寄宿舎自治活動

⑴あゆみの会

寄宿舎には「あゆみの会」という自治組織があります。役員の任期は6か月、前期・後期に分かれています。自分たちの力で寄宿舎生活をより豊かで楽しいものにするために、みんなの要求を大切に取り上げて実現していくのが役員の仕事です。週1回、夕食後にミーティングを行い、役員が中心になって行事の計画や自分たちの生活について話し合います。行事などの運営は、子どもたちがより主体的に取り組めるように子どもの実情に応じた指導案をつくり、子どもの反応を見ながら中途変更も自由にできるというような柔軟な考えで指導してきました。

従来、「会長・副会長・書記・会計」と役職を決めて選挙を行ってきましたが、90年代後半になると、子どもたちは「会長」「会計」と役職がつくと、それにとらわれて自信をなくし、立候補できなくなっていきました。そこで役員4名という形で選挙を行い、仕事もその中で分担し、協力しあう形に変えてきました。

役員以外の人は希望する専門部に入り活動します。希望が大幅に偏ってしまった場合はミーティングで話し合い調整します。


生活部……週1回行う掃除の作業分担を決めたり、廃油を使った洗剤作り、新聞の整理、本、遊具の管理をします。

給食部……みんなの希望の献立を栄養士の先生と話し合い、エプロンのアイロンがけ、布巾の洗濯、食器乾燥機の掃除など、食事に関わる仕事をします。

保健部……歯磨き、爪切り、手洗い点検、洗濯物のたたみ方の指導など、健康な生活をするための活動をします。

文化部……週1回のフォークダンスや遊びの日を企画します。

放送部……放送器具を使って日課に関わる放送をします。

役員に選ばれた子どもたちは、初めて行う活動内容に「そんな仕事やりたくない」「面倒くさい。辞めたいわー」と簡単に言い、不安と緊張のなかでの立候補の気持ちはどこへやら。偉くなった気分と仲間からの人気があったような気分だけが残っています。そのつど、選挙で選ばれたことの重みや人の信頼に応えて責任ある仕事をやり遂げることの素晴らしさを語り、「あなたなら絶対にできるよ」と、励まし支えながら何とか役員の仕事をやり遂げさせるのです。小さな1人の意見も全体の課題として取り上げ協力しながら、職員もできるかぎり子どもの思いが実るように支えていきます。

(2)話し合える子ども集団を育てる

①部屋編成

子どもたちにとって、部屋メンバーは重要です。宿題をしたり、遊んだり、部屋で横になったり、悩みや恋の相談、内緒の話などなど、寝る前に仲間と過ごす貴重な時間があるからです。しかし、寄宿舎の部屋編成は、学部のクラスのように1年間、同じメンバーで暮らすことは絶対にありえません。かつては同じ部屋メンバーで1か月暮らしてきたこともあったそうですが、1990年代後半には男女ともそうもいかなくなってきました。

年度初めは個人の課題と子ども集団の状況を考慮しながら、職員が部屋編成の方針をもって、子どもたちと一緒に話し合いして決めます。男子全員で話し合う「男子会議」、女子も「女子会議」をします。職員の方針通りにいく時もあれば、職員もつかんでいなかった子どもの本音がいろいろ出て職員案とは全く違った部屋編成になることもよくあります。もちろん、1人でも納得がいかない子がいると、職員も子どもたちも意見を出し合いながら、納得できるまで話し合いは続きます。

②ある日の女子会議

1995年ごろ、帰舎を渋るような言動が多くなった結衣。毎晩のように泊まりの職員に訴え、さやかに対する不満と仲間への不信感があふれ出しています。しかし、気が強そうに見えるさやかと話し合う勇気が出ません。職員からも連日励まされ、ようやく会議でも発言できそうと自信をもったところで、女子会議をすることにしました。

「さやかちゃんと一緒に暮らしたくない」と結衣が言い出します。同室のさやかは自分の意見をはっきり前面に出す子です。参加者に意見を聞いていっても、顔をそらしたりして、意見は出てきません。さやかに対する子どもたちの遠慮が感じ取れます。そこで職員が、結衣が毎晩悩み、ようやくこの場にいる経過を伝え、さやかに対して「イケずな気持ちだけで言っているのではない。一緒に暮らせないなんて大変なこと。どうしたらいいのかみんなで考えよう」と持ちかけました。

すると、「私も他の人の悪口を言っているのを聞いたことがある」「命令ばかりするし……」と、子どもたちが重い口を開き出します。言われるさやかは驚きと不満の表情です。話し合いが進むにつれて、さやかが決まった3人の悪口を、3人のそれぞれや周りの仲間に言いふらしていることがわかります。3人は家庭的にはそれぞれ課題はあっても、互いを理解しつつ仲良くなっていくだろうなと予測できるメンバーでした。まだ自分に自信がない3人なので、さやかにいろいろ吹き込まれると互いに不信感を抱き、関係はギクシャクします。その間にさやかが相棒を決めて「お風呂に行こう」「一緒に登校しよう」と誘い、誘われた子はスッキリしない気持ちを抱えながら一緒に行動しているという状態が続いていました。

　ていねいに子どもたちの意見を聞き取っていくと、失敗談やちょっとしたエピソードが出てきました。さやかから「レナちゃんもそう思うやろ⁉」と同意を求められ、「そうかな……」と濁して答えたつもりが、「レナちゃんが言ってた」と、さやかが相手や周りの子に言いふらし、3人が互いに嫌われているのではないかと不信感を抱いていたことが明らかになってきました。子どもたちからは「なぜそんなことをするのか」「仲良くしている人たちの邪魔をしたいのか」「さやかちゃん怖い」と意見は次々と出てきます。

　さやかは、居住地校でも上手く仲間とつながりあえなかったことを思い出し、とうとう泣き出します。さやかが嘘を言いふらし、仲良くできないように仕組んだことについては、みんなの前で厳しく叱りました。

　さやかは、保護者から守られて育った実感がもてず、被害者意識が強く、人間不信の固まりのようなところがあります。このままではさやかはみんなから嫌われてしまいます。さやかの背後にある気持ちを職員も考慮しながら、子どもたちにていねいに説明しました。さやかは小さな声で「3人が仲良しなのが、本当はうらやましかった」「3人が集まって自分の悪口を言われてる気がした」と本当の気持ちを言いました。女子会議に参加している全員がさやかを理解しはじめます。

　さやかが気にしている一つひとつについて3人に事実確認し、自分の思い過ごしであったことがわかりました。さやかに対して不満と不信で怒っていた3人も気持ちが少し変化していきました。さやかが命令しているようにとらえられていたさまざまな誘いは、「嫌なときは〝イヤ〟と言おう」「今は行けないから一人で行って、ごめんね」と断るときの言い方も教え、両者が気持ちを整理していきました。

そして部屋については、「私の部屋で暮らす？ 来てもいいよ」という声がではじめ、「さやかちゃんと2人だけはちょっとキツいけど、他にも誰かいるなら同じ部屋でもいい」と言う意見も出てきました。さやかの気持ちも聞きながら部屋メンバーを決め、「とりあえず1週間暮らしてみよう。1週間後にもう一度話し合おう」ということで会議は終わりました。

こんなふうに1時間も2時間も話し合って決めた部屋メンバーも1週間で交代などということはよくある話です。職員もさまざまな提案をしますが、納得できず、週の半ばで話し合いがあれば、「来週の月曜日、みんなそろって話し合いをしよう。それまで2日間はやってみよう」と数日後に同じ話し合いをすることもありました。その結果が変わらなくても、「私の意見をみんなが受けとめて聞いてもらえた。2日暮らしてみて納得した」と自分の考えを深め、異なる意見をもつ人と暮らしてみる覚悟をしながら自信をつけていきます。

共同生活で必然的に生じるさまざまなトラブルは子どもたちにとって大きな「成長の糧」でもあります。仲間集団のトラブルによって「傷ついた」と思われる時は、その子どもにしっかりと寄り添い、悲しみや心の痛みをじっくり聞いたりしながら、希望が見つけられるように援助してゆきます。

③ぎんなん株式会社

貝塚にはイチョウの木があり、秋になるとたくさん実をつけます。初めて秋を体験する子どもは、実が熟した臭いに驚きますが、慣れた子どもたちは「今年も儲けるぞ!!」と、銀杏の実が落ちるのを心待ちにしています。銀杏は実がなるための世話は何もせず、実が落ちてからの作業になります。子どもたちにとってはお得感満載です。「銀杏の実を拾う・水に漬ける・洗う・干す・小分けにして売る。銀杏の種以外の実を処分する穴掘り」の作業です。たくさんの実が落ちた時には、部屋の取り組みとして活動したり、グループで稼いでおいしいものを食べようと計画している子どもたちもいます。

仲間の中で傷ついたり、誰にも話せない家庭の事情を抱えて辛くなっていて、職員と1対1の関わりが必要な子どもには、一緒に銀杏の作業をして心をほぐしていったこともあります。

ところが、銀杏の作業は季節物なので、うっかりしていると取り残される子もいます。「どうやらアイツら、銀杏で先生とひと儲けしている」と知れ渡り、ミーティングで話し合うことになりました。

「イチョウの木は学校の木。じゃあ、みんなのもの?」「誰がしてもいいのではないか」「グループでするなら必ず先生についてもらう」「売る値段は同じ料金にしてほしい」と活発な意見が出る中、「日時を決め、呼びかけで一斉に作業すること」「売る値段は同じ料金にしよう」などルールが決まりました。子どもたちは、作業で新しい経験と銀杏の試食と販売、そしてなんと言っても、儲けたお金を何に使おうと、みんないい表情で活動を繰り広げました。

⑶労働の中で育てるもの

①畑作業を通して――社会の仕組みを知る

寄宿舎には独自で管理している「農園」と、荒れ地を耕した「新開地」があります。週1回の生活作業の中で「あゆみの会の畑」をみんなが交代で作業します。その農園を分割して、部屋、個人畑にも貸し出しています。その土地では何を作っても構いません。種苗、肥料は園芸の予算から出します。収穫は50％が部屋・個人の収入となり、残り50％はあゆみの会に「年貢」として納めます。

ここで「日本の歴史」が語られたり、子どもの部屋担当をしている職員の畑の指導力が大いに試されることになりました。間引き菜や「年貢」に収めた野菜は、調理して食べるといつもより数倍もおいしく感じ、「有機肥料あんまり使ってないからや」「虫が食べてるのはおいしい証拠」という言葉も自然と子どもたちから出てきます。働く喜びと同時に農業の大変さを実感し、日本の自給率や農業政策の話にまで発展していくこともあります。

もちろん稼いだお金は自由に使っても構いません。大事に家に持ち帰り、お小遣いにする子もいますが、部屋メンバーでおやつを買ったり、お好み焼きを作ったり、ホットケーキにアイスを載せて食べたり、自由に楽しみます。みんながうらやましそうに見ている前で食べるおいしさは格別なようです。こうしたことから、たくさんお金を稼ぐためにも真面目に働くようになり、作物を育てる過程で水やり当番、お互いの仕事の点検など、たくさん話し合いながらみんなで協力しあうことの大切さを学んでいくのです。

②生活作業

寄宿舎では週1回の生活作業があります。生活作業は「あゆみの会」の中にある「生活部」が担当します。生活部は、それぞれの仲間の事情を考慮しながら、当日の係や分担の振り分けをします。これが目的で生活部員になる子がほとんどです。

寄宿舎内の掃除に加え、自然に囲まれた貝塚養護では、落ち葉集めや腐葉土作りのための穴掘りなど無限に仕事はあります。〝落ち葉集め〟はリヤカーに何十杯も運ばなければならない大仕事、これを腐葉土にするための穴掘り。草抜き、畑を耕す、畝作り、苗植え等、書き出したらきりがありません。

子どもたちの中には、「働く」ことを「損をする」ととらえている者も少なくありませんでした。そんな子どもたちに対して、「寄宿舎のエリート集団！」「こんな素晴らしい働きをする人と恋してみたい」など、子どもたちにとって魅力ある言葉で褒めちぎり、最後までやりきらせます。雑用や畑仕事など、実際は体を動かし、辛い労働も、子どもたちに「知的労働」として受け入れられ、やる気を起こさせていきました。

・作業場所の格付け——子どもたちの思惑

掃除場所には、子どもたちの中で〝格付け〟があります。掃除の技術がいる場所、職員と1対1でする場所などさまざまです。入舎して間もない子、学年の低い子、子ども同士の組み合わせ、子ども集団に馴染めない子など、あらゆることを考慮して決定していきます。落ち葉集め、廊下の窓拭き、お風呂場の脱衣所などの作業場所は一人分の範囲を明確に決めるので比較的簡単に達成感が味わいやすく、子どもたちに人気の場所です。掃除が苦手な子や簡単な掃除場所に指導者として「掃除のエリート」が入ったりもします。

格上の掃除場所であるトイレや洗面所は「エリート」が1人もしくは2人で仕上げます。職員は褒める言葉を総動員しながら一緒に作業します。子どもたちの中にも、「寄宿舎トイレ掃除が一人でできるようになったら一人前」という気持ちが根付いています。しかし、子どもですから、できればしたくないという気持ちも隠し切れません。トイレや洗面所を担当した子については、当番だった日時もチェックし、「エリートメンバー」である生活部員が平等に当番が当たるようファイルに記録しています。

もちろん作業する男女の組み合わせも大切なポイントです。中学部になるとつきあっている子どもがいます。そのメンバーを別々の場所の掃除担当にすることはよくありますが、子どもが中心に組むので、前もって密かに頼まれていたり、リーダー格の子に対しては、気を利かせて同じ班にしていたりすることもあります。そのことが予測できる時にはあえて離すことはしません。同じ作業になる子の気持ちを観察しながら、最後まで力を出し切るよう担当職員も〝気合い〟を入れます。

・作業分担発表

授業が終わり、帰舎した子どもたちは、作業日は食堂に続々と集まってきます。担当場所の発表と諸注意を聞くためです。静まりかえった食堂でみんなが自分の担当する場所の発表を待ちます。

発表する生活部の子は、緊張しながらも得意気です。発表が始まると、ガッツポーズをする子、仲良しの友だちと同じ場所で、顔を見合わせて微笑む子。憧れの子と一緒でニヤリとする子とそれぞれです。ひと通りの発表が済むとお楽しみの担当職員発表です。「最悪‼」「ラッキー」、厳しい職員や面白い職員、甘えたら許してもらえそうな職員……子どもたちの思惑がいっぱいあります。

・いざスタート‼

作業がはじまると、慣れた手つきでていねいに作業をする子、困っている子に優しく声をかけ、手伝う子の姿があります。職員はそんな場面を見つけるとすかさず褒めます。他の人より多く掃除をしたくない子がいると、その子にも聞かせるように「他の子の分まで手伝うなんて、こういう子を恋人にしたらいいよね」「仕事をまじめにできる人は誠実な恋愛ができる人やわ」と、思春期の子どもたちが気になる言葉を選びながら褒めちぎり、最後までやりきらせます。

そんな中で、つきあっている2人が同じ班になることもあります。その2人が「さぼったり、毎回の作業をさせることが大変」とみんなから言われる時は、うまく声をかけながら、2人が他人の分の仕事をもこなして作業をやりきることもよくあることです。もちろん、毎回同じメンバーだとこうはならないかもしれません。職員の声のかけ方一つで変わってくるので、職員の力量も試されます。もちろん、職員は声かけだけの指導ではなく、子どもたちと一緒に作業します。子どもたちもそれだけは見逃しません。子どもの小さな頑張りや工夫を見つけて褒める……みんなと同じ言葉では満足できない、褒めちぎらないと通じない子もいます。担当職員は通りすがりの職員も呼び止め、子どもたちの前でオーバーなくらいに褒めちぎって報告し、その先生からも褒めてもらいます。すると子どもたちは苦手だった作業をますます張りきります。

子どもたちのささやかな頑張りをあえてミーティングのみんなが揃った場でスゴイことだと褒めちぎって報告し、その場にいる先生からもさらに褒めてもらったりします。褒められた子どもは照れながらも満足げな表情でその場にいます。このように職員には、自らも担当分の作業をしながら子どもと一緒に取り組み、子どものやる気を引き出しながら、最後までやりきらせる力量が問われます。

③配慮のいる子どもの作業

入舎して間もない頃には、子ども集団に馴染めない、作業することが受け入れられずパニックで叫びだす子など、さまざまな子がいます。誰から見ても明らかに作業が無理な状態にある子に対しては、周りの子どもたちも作業を免除する気持ちになれます。しかし、生活を共にし、できるように見える子どもの場合にはそう簡単にはみんなも許してはくれません。その子の傷ついた心をみんなに説明し、同じような悩みを抱えていた過去の日々を思い出させながら、その子の気持ちを想像しあいます。そしてみんなでその子の問題を解決できる方法を考えていけるよう援助します。

自信がない子にどんなふうにヤル気を出させたらいいのでしょうか？　職員は「子どもとの関係はできていないが、職員と一対一ならばできるのか」「子ども集団から離れた場所ならできるのか」「雑巾を使うことができないのか」など、子どもたちの特徴や状態を見極めます。

好きな職員と2人でしたり、全く集団から離れて作業したり……大自然の中にある生活の場なので、たくさんの労働ができる場所があるから安心です。しかも寄宿舎に泊まるので、時間をかけて気持ちを切り替えることができます。就寝時間前になって作業をはじめることもよくあります。たくさん褒めながら、職員も一緒に、少しでもできる作業をさせ、やり終えたことを必ず子どもたちに報告して納得してもらうことを大切にしています。その子が子ども集団の反応を直接聞けなかったとしても、一緒に暮らす仲間に伝えた時の反応を必ず本人に伝えます。そして、〝作業してよかった〟という気持ちを共感し、次回につなげていきます。その時、実際は職員が作業のほとんどをして、本人は10分の1しかしていなくても、本人は頑張った気持ちで終わったならばそれで良し。その子に応じて時間をたっぷり使い、職員も一緒にすることで、「人を信頼してみよう」という気持ちが芽生えはじめます。そして自信をつけ、少しずつ作業ができるようになっていきます。

④自分の生活に責任をもつ

こういった仲間との作業や活動を通して「自分も配慮してもらってきた」「大事にされてきた」ことに気づき、やり遂げた自分に対しても「今の自分はまんざらでもないな……」と実感できる場をつくり出してきました。一緒に協力し、活動した仲間や職員との関わりのなかで、他者への信頼感は育ちます。そして、当たり前だと感じていた生活に素直に感謝する気持ちが育ち、自分の生活に責任をもつことができるようになっていきます。

3 職員集団を育てる

(1)職員も本音で話し合う——揺るぎない信頼関係を基盤に

寄宿舎生活での自治活動や労働を通して、職員はさまざまな場面で子どもたちに人とのつき合い方を教え、一緒に考えてきました。これは職員同士でも同じです。

年度当初に決めた指導方針も、日々の子どもの様子から指導の方向がおかしいと思ったら、1日2回の職員「引き継ぎ」で報告し、それぞれ職員の見てきた様子を出し合い論議し、軌道修正します。極端な場合には、朝、宿直の職員からの引き継ぎで何とか決まった方針も、午後からの泊まり職員が入った引継ぎで出た報告と合わせ、急遽、変更することがよくあります。

職員の指導体制が上手くかみ合わず、子どもにとって良くないと思ったら、担任も年度途中であっても職員の入れ替えをします。これは「職員のメンツより、子どもを大事に」の象徴的な場面であり、これに至るまでの会議は先輩／後輩の域を超えた率直な話し合いがあってのことでした。会議やそれ以外の場面でも繰り広げられる指摘や批判についても、「意地悪」や「感情の垂れ流し（八つ当たり？）」や「好き嫌い」ではなく、「真の相互批判」だということに気づかされました。だからこそ指摘されたことを素直に自分の中に受け入れることができたのだと思います。それは、職員同士が厳しくも優しく、職員一人ひとりの弱点を含め、深く理解しあいながら、「子どものことを一番に育ちあい、実践をすすめている」ことを誰もが日々実感してきたからだと思います。

会議では、「意見を述べること」「会議の決定に参加することで決まった結果に責任をもつ」「文句だけ言って自分勝手なことを通そうとすることは許さない」……子どもたちの話し合いで求めるものは、常に職員集団にも求められるものでした。

(2)難しい子どもと出会って——学習のなかでの新たな発見

難しい問題をもつ子どもを受け入れると、それまでに積み上げてきた指導の方法が通用しなくなり、どう対応したらいいのかと困惑しました。難しい子に出会った時、それぞれの職員が観察を深め、子どもの細かな状況も逃さず引き継ぎをしながら、その日の仕事をしなければなりませんでした。そのために、先ほど述べた1日2回の職員全体の「引き継ぎ」で、子どもの状況や職員の失敗談も含め、細かな会話のやりとりを報告し、事実を重ね合わせて「とりあえず」の指導の方向を出し、大きな間違いのないように実践をすすめていきました。

実践に行き詰まると、大学の研究者や医師などを交えて、学習会や事例研究会をもちました。現場で子どもをイメージしながら学ぶ事例研究会は、私たちにとって「子どもの発見」につながる貴重な場となりました。〝これは!〟と思える学習会や民間の研究会、春と秋の寄宿舎教育研究集会にはいつもみんなで出かけていき、他の職場の人と学習し、交流することで、視点を変えて実践を見直すことになりました。

実践に役立つと思った本は出版社から取り寄せ、「押し売り」まがいに職員間で勧め、読了の点検、感想を語り合うなど、学習を職員の課題としてきました。しかし、日常の忙しさに流され、「課題図書」を読まない人が増えると、職員会議の時間を削って、一人ひとりに決められた範囲をみんなの前で報告することを義務付けます。そこまでされると、さすがにどの人も必死に本を読んで、何とか内容を自分のものにして会議に向かえるようになりました。〝学習することが当たり前〟という認識に変わっていきました。

こんなふうにうまく職員をおだて、ヤル気にさせ、本の内容を深く理解し、解説してくれる先輩たちの存在は大きく、みんなで学習するなかで読み解き、それぞれのものにしていきました。

(3)人として──「働く」ということ

寄宿舎では職員も掃除・洗濯・畑作業など、子どもと一緒に体を動かしてきました。職員は子どもたちのモデルになることを要求され、掃除の仕方から畑作業まで、あらゆることができるように、毎日の寄宿舎生活で鍛えられてきました。職員集団全員が仕事の内容を選ばず、「労働者として真面目に働く」ことの自覚につながりました。これを通して「労働が心を豊かにする」ことを学びました。

寄宿舎は生き方を教え、考えていくところだと思います。子どもたちが仲間や安心できる大人とともにさまざまな体験をし、家庭を振り返り、自分を見つめ、自立に向けた力をじっくり蓄えていくことができます。職員も自分の生き方や子育てについて、一人ひとりが考えさせられ、多くのことを学び、育てられました。貝塚養護学校の寄宿舎ではそのような実践と職場づくりが追求されていました。

民主的な職場は職員が居心地がいい職場ではなく、「子どもにとって何が必要か」ということを職員集団で率直に話し合うことができる職場だと思います。子どもの本質を見抜き、深く理解しあえる職員集団をつくることが実践の土台になると思います。自分の感情に流されず、子どものことを真ん中に話し合いをするためには、職員の学習は不可欠です。

先輩や勤務年数に関係なく、誰もが謙虚にしんどい仕事をも引き受けていく。そこには一人の労働者としての生き方がありました。そんな姿を身近に感じながら、若い世代があこがれを抱いて育っていくのだと思います。

「職員同士は、仲はいいが馴れ合いで仕事をするのでなく、自分にも他人にも厳しくあり続けること」

……文章にすると簡単ですが、これは本当に難しいことだと実感しています。

（蔵本真規子）

第2部・参考文献

1 貝塚養護学校将来構想推進委員会（1975）養護学校義務化に伴う基本構想

2 貝塚養護学校将来構想推進委員会（1977）少年保養所と貝塚養護学校との覚書―登校拒否、神経症の受け入れのいきさつ―

3 清水編（1978）家庭内暴力・登校拒否の子どもの実態と地元校復帰への取り組み 私家版

4 大阪養護教育振興会（1979）「続障害児教育の展開」

5 全国病弱虚弱教育研究連盟・病弱教育史研究委員会編集（1990）日本病弱教育史研究会

6 大藤栄美子 楠凡之 藤本文朗編（1992）「登校拒否児の未来を育む」大月書店

7　大阪市立少年保養所（１９９３）記念事業「創立50周年記念誌」
8　大阪市立養護教育諸学校教育研究会研究紀要「碧空」第５号（１９９８）病弱虚弱部会貝塚養護学校報告
9　貝塚養護学校（２００２）平成12・13年度大阪市教育委員会「個性が輝く学校づくり推進事業」学習空白をもつ病虚弱児への教育的アプローチについて
10　貝塚養護学校（２００５）寄宿舎に在籍する肥満・心身症児の心理的な援助に関わる実態把握のあり方と調査研究、平成17年度（財）みずほ教育福祉財団　障害児教育研究助成事業障害児研究論文
11　大阪市立貝塚養護学校・大阪市立貝塚養護学校後援会（２００６）「こころのふるさと～ぼくたち、わたしたちの貝塚養護学校」
12　南川泰三（２０１３）「貝塚少年保養所」作品社
13　「障害児の生活教育研究20号」寄宿舎教育研究会（２０１４）
14　大阪市立貝塚養護学校研究紀要
(1)　結核児教育「学びながらの療養編」第１集（１９５３）
(2)　「貝塚教育」第７集　創立20周年記念誌（１９６８）
(3)　かいづかのきょういく第８集　創立25周年記念誌（１９７４）
(4)　かいづかのきょういく第９集　創立30周年記念誌（１９７８）
(5)　かいづかのきょういく第12集　創立35周年記念誌（１９８４）
(6)　かいづかのきょういく第13集（１９８３）第20集（１９９１）第21集（１９９３）第22集（１９９４）
(7)　かいづかのきょういく50周年記念誌（１９９９）
15　学校要覧（１９６１）（１９９３）（２００６）

第3部

貝塚養護学校が問いかけているもの

第3部―1

不登校の子どもの発達権保障と貝塚養護学校の果たした役割

北九州市立大学文学部人間関係学科
楠　凡之

はじめに

今から30年も前の話になりますが、筆者が貝塚養護学校（以下、貝塚養護）に関わるきっかけになったのは、京都で小・中学校の先生と不登校の子どもたちの事例検討を重ねている中で感じた無力感でした。

養育基盤が極めて弱い家庭の不登校の子どもの中には、学校側の働きかけで散発的に学校に来て先生と話したり、学校のパソコンでゲームをして遊んだりというような活動はできても、本質的には何の問題解決もできないまま、機械的に中学校を卒業していく事例をいくつも目の当たりにしました。

例えば、保護者が新興宗教の祈祷師をしていて、子どもはネグレクト状態になっていた事例、母子家庭で母親はほとんど愛人宅に行っており、5人の子どもたちは、時々母親が置いていく食料だけで生活していた事例、また、父親の母子への暴力があり、軽度の知的障害をもつ母親は周囲からの支援で離婚しようとするけれども、父親に泣きつかれて結局は父親のもとに戻ってしまうことを繰り返していた事例などもあり、いずれの事例でも子どもはずっと不登校の状態が続いていました。当時はスクールソーシャルワーカーの制度もなかった時代であり、家庭の養育基盤の脆弱さを抱える不登校の子どもに対する支援を学校の教職員が行っていくことは極めて困難であることを痛感していました。

また、ネグレクトなどの困難な環境に置かれている不登校の子どもの自立を支援するためには、24時間の生活まるごとの支援が必要不可欠であるとも感じていました。生活基盤が根本的に崩れ、まともな衣食住が保障されない状況の中で、生きる意欲、学ぶ意欲を醸成することは極めて困難です。それだけに、京都にも貝塚養護学校のように、寄宿舎があり、生活全体を通して子どもの自立を支援していける場がほしい、と切実に感じていました。

筆者は大学院の博士課程時代に貝塚養護学校の寄宿舎に時々泊めてもらい、１９８０年代末頃に在籍していた子どもたちと関わる機会がありました。当時はちょうど「子どもの権利条約」が国連総会で採択された時期でもありました。

「子どもの権利条約」は、子どもたちに「保護される権利」「援助を受ける権利」、そして「社会参加の権利」を保障するものでした。また、親の第一次的な養育責任と締約国の援助義務〈第18条〉が記されるとともに、第20条では「家族的環境を奪われた子どもへの代替家族ケア」にも言及されていました。

この「子どもの権利条約」の理念を踏まえて、筆者は貝塚養護学校が子どもたちに保障している権利として、①「学習活動への参加の権利」、②「仲間集団〈同年齢、異年齢〉への参加の権利」、③「自然や労働への参加の権利」、④「家族的環境〈family environment〉への権利」として整理し、『登校拒否児の未来を育む――寄宿舎のあるもう一つの公立学校』（大月書店、1992年）の中で、貝塚養護の実践の意義をこれらの諸権利の保障という観点から提起しました。もう四半世紀も前に書いた文章ですが、今、改めて読み返してみても、そこに付け加えるべきものは多くは見いだせませんでした。したがって、本稿の内容が筆者が以前に書いた文章と一部重複してしまう点、悪しからずご了解ください。

1 貝塚養護学校に来ていた子どもたちの抱えていた課題

貝塚養護学校に在籍する子どもたちは、その時代とともに大きな変遷を遂げていたことは、第2部の1章でも述べられています。筆者はそのうち、ほんの数年間の子どもたちに関わっただけですが、1980年代後半に貝塚に来た不登校経験をもつ子どもたちの抱える問題の多くは、今日の子どもたちの「発達の危機」を先取りしたものであったと感じています。

ところで、文部科学省の不登校の定義は、「何らかの心理的、情緒的要因、身体的あるいは社会的要因・背景により、登校しないあるいはしたくともできない状況にあるため年間30日以上欠席した者のうち、病気や経済的な理由による者を除いたもの」です。しかし、不登校は学校に行っていない、行けていないという一つの状態像を示す言葉に過ぎず、その背後にある問題は実に多様です。

貝塚養護に来ていた子どもには、発達障害や養育環境面での大きな問題はなく、軽度の学習上のつまずきや仲間集団の中でのいじめやトラブルで不登校に追い詰められた子どもも在籍している一方で、1980年代後半に貝塚に在籍していた子どもたちの多くは、通常の学校での支援が容易ではない「特別なニーズ」をもつ子どもだったと考えています。

小学部・体育

貝塚にやってくる不登校経験をもつ子どもの「特別なニーズ」には、大きく分けると、①発達障害や軽度の知的障害などの神経生理学的な問題をもつ子ども、②ネグレクト、児童虐待などの養育環境的な困難さを抱えている子どもであり、この両者が重複している場合もありました。

なお、1990年当時の厚生労働省（以下、厚労省）の児童虐待の定義では、両親間の暴力の目撃は児童虐待の中には含まれていませんでしたが、現在の児童虐待の定義では、「心理的虐待」の中に含まれます。本書の第1部3章に登場する千尋や美香の場合、直接に父親の暴力は受けていなかったようですが、父親の母親や長女の真知子に対する暴力を目撃することは心理的虐待であり、そのような事例も含めると、貝塚養護の中には厚労省の児童虐待の定義に該当する被虐待児は多く存在したと言えるでしょう。

また、第1部1章の勉のように、保護者の精神疾患その他の要因によって、まともな衣食住が保障されていないネグレクト状況の子どもも少なくありませんでした。そのような家庭の生活基盤が崩壊している環境で暮らす子どもを通常学校の取り組みだけで自立に向けての援助を行うことは極めて困難であり、やはり生活丸ごとの支援が必要になってきます。

ちなみに、貝塚養護のように、生活全体の中で子どもへの自立を支援できる場は、厚労省管轄の児童養護施設や児童自立支援施設、そして、法務省管轄の矯正教育機関である少年院になります。しかし、厚労省管轄の児童自立支援施設の場合、入所対象者は「不良行為をなし、又はなすおそれのある児童及び家庭環境その他の環境上の理由により生活指導等を要する児童」となっていて、非行問題はあまりなく、非社会的な問題が中心の子どもはほとんど措置の対象とはなってこなかったのが現状です。しかも、生活保護費の支給の問題なども関わって、保護者がわが子の措置に同意しない場合には児童養護施設に措置することも極めて困難です。

貝塚養護学校はそのような「制度の谷間」に置かれた子どもたちの受け皿として、24時間の生活全体を通した発達権保障の場としての役割を長年にわたって果たしてきたといえるでしょう。

2 貝塚養護学校の生活教育が果たしてきた役割

ここでは、貝塚養護の生活教育が果たしてきた役割をいくつかの観点から整理してみたいと思います。

(1)「人間の生物学的な基礎」を育む

汐見稔幸氏(2015)は、次のように指摘していました。

「21世紀は情報とモノの過多の時代にもっとなっていくことが予想されています。自然離れ、実体離れがもっと進むといってもいいでしょう。しかし、そうなると、人間の在り方がより根本から問われることは避けられません。人間は外からの刺激、例えば朝太陽の光を浴びることでセロトニンというホルモンが分泌され、脳が活性化されることが分かっていますが、人間が自然の一部であり、私たちの脳も生物の法則に従わざるを得ない限り、人間はいくら精神性を強調しても、自然の法則にしたがって考え、判断し、行動するという性格から逃げることはできません」(汐見PP.9-10)

「具体的で多様な人と直接に接することおよび土、水、草、虫、等々の自然のもっとも基本的な要素と直接接するということがこれからの社会でもっと減っていくと、感性というもっとも重要な人間的基礎がうまく活性化されなくなる可能性が出てきます。清潔で簡便さを価値とする文化がより進むと、こうして人間を人間とする基礎の活動の疎外が起こりかねないのです。

21世紀の人間形成は、このような人間の生物学的な基礎をしっかりと育てるという独自の文化性を持たねばならなくなるのですが、それは別の見方をすると、身体に根拠をもった判断、思考をしっかりと担保することが重要になることを意味します」(汐見 P.10)

汐見氏の指摘のように、今日の子どもたちの「発達の危機」は、その根底に「人間の生物学的な基礎」

の危機を内包していると言っても過言ではないでしょう。しかし、このような「人間の生物学的な基礎」の危機は、今日ほど深刻ではなくても、１９８０年代以降の日本の子どもたちに忍び寄っていた危機であり、貝塚養護はそのような「発達の危機」を抱えた子どもたちの発達権保障の場であったと言えるでしょう。

『登校拒否児の未来を育む』の中で大藤氏は次のように述べていました。

「自然から遠ざけられていた子どもたちが自然の豊かさを享受するためには、一定の学習や訓練がいるようです。スズムシやバッタさえ気味悪がって捕まえられないような中学生が増えてきました。糸のような赤ちゃんカマキリを、「絶対に恐くないよ。何もしないよ」と言いながら、寮母の手の上に乗せ、息で子どもたちの手に移して慣れさせます。指でつまむとつぶれてしまう生まれたてのコメつきバッタさえ怖がる子どもたちもいます。

草花を摘んで名前を教えたり、子どもたちが野原で生まれ育つ虫たちと楽しく遊べるように手助けしたり、時にはイタズラのやり方さえ教えたりしながら、寮母は昔のガキ大将が果たしていたような役割を果たしつつ、子どもたちの生活の中に自然を取り戻していきます」（大藤　P．51）

このようにして「自然の最も基本的な要素」（汐見）との直接の関わりを取り戻していくことが、子どもたちの中の人間的自然の回復にも大きな意味をもっていたのではないでしょうか。

寄宿舎に入舎した子どもの生活は、朝、起床して朝の太陽の光を浴び、運動場に出て身体を動かし、朝食をとるという、「人間の生物学的な基礎」を育むために必要不可欠な生活を取り戻していくことから始まります。大藤氏は次のように述べていました。

「起床時間に起きて、パジャマを服に着替える。フトンをたたみ、洗面をして朝会の行われる運動場に出る。20分間の間にこれだけのことをやるのは何でもないことのようですが、子どもによってはこれが大変な闘いともなります」「これらの基本的な生活習慣を身に付けるのに相当な努力が必要な子どももいるのです」（大藤　P．55）

子どもたちにとっては、まず「人間の生物学的な基礎」の回復に必要な基本的な生活習慣を獲得していくことだけでも大きな自己との闘いなのです。寄宿舎では子どもを励ましたり、なだめたり、時には叱咤激励しながらでも子どもたちにやりきらせ、その中で身体感覚を通した気持ちのよさを子どもたち自身が発見していけるように援助していきます。もちろん、その指導のプロセスでは子どもたちとの激しい対立やぶつかりあいは避けられません。というよりも、子どもたちはさんざん悪態をついたり、反抗したり、大暴れしたりという「行動化」のかたちで自らの「意見表明権」を行使しつつ、そこでの職員とのやり取りを通しながら、少しずつ自分の課題に向き合えるようになっていくのでしょう。大藤氏の言葉を借りれば、「このようなハプニングの繰り返しのなかで、少しずつ体を動かすことにも慣れていき、自分で身辺処理をしてゆく力や周囲の友達と仲良く生活していく態度が身についていく」のです。

(2)労働を通した人間形成

貝塚養護の最大の力は、やはり寄宿舎での日々の活動、とりわけ労働を通した人間形成であり、それは「身体に根拠をもった判断、思考をしっかりと担保する」（汐見）取り組みでもありました。

大藤氏は次のように述べていました。

「貝塚養護の寄宿舎生活では掃除や草抜きなど、多くの子どもたちが家庭ではほとんどやらないような活動がいっぱいあります。当然、子どもたちからは文句も山ほど寄せられます。しかし、しんどい仕事に対しては一応、文句は言ってみるけど、でも、みんなでやっているうちに面白くなってきて競争になったり、力自慢も出てきたりして、みんなで力を合わせてやりとげた時には『きれいになった。良くやった』と成果を喜びあいます」（大藤　P．68）

このように、一緒に仕事に取り組むことが、子どもたち同士の連帯感にもつながっていくのでしょう。

子どもが身体感覚を通した自己肯定感を取り戻していく上でも、「労働」は必要不可欠なものではないでしょうか。大藤氏は2年間引きこもっていたG男の事例を紹介しています。（大藤　P．65）

寄宿舎では何とか生活できるようになったG男ですが、仲間がいくら説得しても登校は拒否します。おそらくこれまでの学校生活で築かれた、否定的な「学校」のイメージに深くとらわれていたのでしょう。

そこでどうしても登校できないなら、何か代わりに建設的なことをやろうと、職員とG男が話し合って決めたのが、学校内の工事後の後片付けで、敷石ブロックをはがして片づけるという作業でした。

教室に向かうみんなに「バイバイ」と手を振ってから、職員と一緒に通路用のブロックを割らないように金づちで叩き、セメントをはがして積み上げる作業をします。この作業は誰がみても大変な作業だとわかるので、休み時間には教室から応援に来てくれる友達もいて、G男は「公認」の授業代わりの作業の中で友達との交流も深めていき、やがて登校できるようになりました。

このように、子どもたち同士のつながりも手ごたえのある活動の中で深まっていくのであり、それによって身体感覚を通した自己肯定感もさらに確かなものになっていくのでしょう。

とりわけその中でも「農作業」の持つ意味には格別のものがあるように感じました。

寄宿舎では貝塚養護の農園を各部屋に分割しています。大藤氏は「つくりたいものを各部屋ごとに決め、それらを作り育てていく過程で、みんなで話し合い、協力し合うことの大切さもおのずと理解されていきます。『雨が降って農作物が生き生きしてきた』『虫に食われて枯れそう』と自然の力を身近に感じたり、畑から直接口にしたトマトのおいしさに手作りのすばらしさを知ったり、はたまた、年貢をとられて『世間の厳しさ』を味わったりもします」と述べています。（大藤 PP.78－79）

このように他者との共同を必然的に伴う労働は他者とのコミュニケーション力の回復にも寄与していくのであり、まさしく、そこには人類が歴史的に創造してきた「労働」と「コミュニケーション」の発展的関係が「再生」されていたと言えるのかもしれません。

ちなみに、culture という単語は「文化」であると同時に「耕す」という動詞でもあります。子どもたちは大地を耕し、仲間と共同しながら農作業を進めていく中で、自分たち自身の心を耕し、「人間の生物学的な基礎」をしっかりと育んでいったのではないでしょうか。

(3)仲間集団の中での育ち合いの機会の創造——他者への「あこがれ」が自己教育力を育む

大藤氏は「子どもたちは自分自身が指導する立場に立つことを不安や危惧の念を持ちながらも強く望んでいるところがあります。小さな集団だからこそ試みる決心もできるのでしょう。多くの子どもたちが短期間でプレッシャーを感じずに、みんなの前に立って話ができるように変わっていきます」と述べています。

貝塚養護に来る子どもの多くは、子ども集団の中で弱い立場に置かれていた子どもであり、リーダーシップを発揮する機会もあまりなかったのではないでしょうか。しかし、自分よりも前に貝塚養護に来た子どもたちの活躍する姿を見る中で、「もしかしたら、自分もできるようになるのではないか」という希望を育むこともできたのではないでしょうか。

「あこがれの最近接領域」という言葉があります。子どもたちは「今、すぐには無理かもしれないけど、自分もあの人のようになりたいし、きっとなれるのではないか」というように、身近な子どもの存在に「あこがれ」つつ、その「あこがれ」を支えにして挑戦する力を育んでいくのでしょう。

通常の場合、これは学童保育のような異年齢集団においては、「おにいちゃん、おねえちゃん」への憧れのかたちで展開していくのですが、貝塚養護の場合、同年齢であっても、先に貝塚に来て活躍している子どもの存在は、「あこがれの存在」になることでしょう。そして、そのようにしてみんなの「あこがれ」の存在になった子どもたちは、頑張ってきた自分、成長してきた自分への「誇りと自信」を育み、それが自己肯定感にもつながっていくのでしょう。このような子ども集団のなかに「あこがれと誇りの連鎖」を作り出していけることも一つの実践力になっていくと考えます。

⑷仲間関係のトラブルを通して葛藤を乗り越える力を育む

貝塚養護にやってくる子どもの中には、対人関係で生じるストレスや葛藤を心のコンテナの中に引き受けられないまま、それが身体症状になり、そこから不登校に追い詰められた子どもも少なくありません。

また、とりわけ困難な養育環境で育ってきた子どもの場合、人間関係を切実に求めながらも、そこで築く関係は支配―被支配の関係、あるいはお互いを傷つけあう関係になってしまうこともしばしばです。

本書の中でも、ある日の女子会議での子ども同士のトラブルのエピソードが出てきます。（P.150-152）

周囲の子どもから怖がられているさやかは、「保護者から守られて育った実感がもてず、被害者意識が強く人間不信の固まりのようなところ」がある子どもであったと描かれています。

保護者との適切な愛着関係が築けず、家族が心理的な安全基地にならない子どもほど、「うそを友だちに吹き込む」等々、あらゆる手段を使って周囲の人間関係を自分の思い通りに操作しようとし、それに少しでも逆らわれると激しく相手を攻撃してしまうこともしばしばです。

そして、他の子どもたちは、そのボスの子どもには逆らえず、そこから来るストレスから不登校に追い詰められる子どもも出てきます。その一方で、周囲の子どもたちの、ボスの子どもへの反発が強まり、逆に「ボス退治」というかたちで、ボスの子どもが仲間はずれにされて不登校になる場合もあります。あくまでも憶測ですが、さやかも、もしかしたらそのような経過から不登校になり、貝塚に来たのかもしれません。

そして、そのような関係は貝塚の中でも「再現」されていきます。なぜなら、それ以外の関係の作り方を知らないからです。その結果、ボスの子どもとの関係に悩み、そのストレスから帰舎できなくなる子どもも出てきます。しかし、以前の学校と違うのは、そのようなストレスに悩みながらも、子どもたちが自分の思いをしっかりと表現する場が保障されていることです。子どもたちは職員の励ましを支えにして、以前には表現できなかった自分の思いを葛藤を乗り越えて表現し、ボスの子どもに自分の思いをぶつけていくことができるのです。

職員はさやかが嘘を言いふらし、仲良くできないように仕組んだことについては、厳しく叱りつつも、そういう行動をとらなければならなかったさやかの気持ちを子どもたちにていねいに説明する中で、さやかも「3人が仲良しなのが本当はうらやましかった」と本当の気持ちを語ることができて、他の子どもたちとの間の相互理解が深まっていきます。

職員はさやかに対して不満と不信で怒っていた3人の気持ちをやわらげるとともに、さやかの命令的な誘いは、「嫌なときは〝イヤ〟と言おう」と断るときの言い方も教え、両者が気持ちを整理していきました。

このように、仲間関係でのトラブルが引き金になって不登校になった子どもたちの中では、このようなトラブルは必ずと言っていいほど再現されるだけに、これをお互いの思いを表現し合うことで和解を創造し、「支配―被支配の関係」ではなく、お互いの思いを尊重し合う関係を築いていく取り組みが必要不可欠なのです。もちろん、このような取り組みは当然、通常の学校でも必要不可欠な指導なのですが、そのような適切な指導がなされないまま不登校に追い詰められる子どもも多いのが現実ではないでしょうか。

以上、4つの観点から貝塚の生活教育が不登校の子どもたちに果たしてきた役割を整理してみました。しかし、ここで挙げた取り組みは、決して貝塚養護に来た子どもたちだけでなく、本来的には、現代社会を生きるすべての子どもたちに共通して保障されるべきものであったと考えます。

3 「特別なニーズ」をもつ子どもたちの自立支援

(1)自閉症スペクトラム障害などの発達障害の子どもたち

すでに述べたように、1980年代後半に何らかの事情で通常の学校に通えず、貝塚養護学校に来ることになった子どもの中には、自閉症スペクトラム障害〈autism spectrum disorders 以下、ASDと表記する〉などの発達障害をもつ子どもや、知的には境界線または軽度の知的障害の子どもたちが多数含まれていました。1980年後半に、寄宿舎の職員から「宇宙人」と呼ばれていた子どもの多くは、知的障害を伴わない自閉症スペクトラム障害の子どもたちであったと推測しています。しかし、その頃には知的障害を伴わないＡＳＤの存在はあまり社会的に認知されていませんでした。

ちなみに、『登校拒否児の未来を育む』の３章３節の美智子は、当時は「境界例」（境界性パーソナリティ障害）と医療機関では診断されていた子どもでしたが、今、振り返るとＡＳＤの発達特性をかなり顕著に示す子どもであったと感じています。今、実践報告を読み直してみても貝塚の職員の美智子への関わりはほぼ適切なものであったと思いますが、もしも自閉症スペクトラム障害が基本にあり、その深刻な二次障害としての被害的認知や感情コントロールの困難さに苦しんでいる子どもとして理解していれば、もう少し見通しをもった実践に取り組めた可能性はあったように思います。

自立活動・創作

今日、不登校生徒の少なくとも３割以上に発達障害、あるいは診断にまでは至らなくても発達特性の問題が背景にあると考えています。

貝塚養護は今から四半世紀以上前から、それとは明確に意識せずに、ＡＳＤの不登校の子どもたちへの教育実践を展開してきたと言えるでしょう。ＡＳＤなどの発達障害の問題があり、それに対する適切な理解や援助がない中で不登校になった子どもにとっては、貝塚養護のような生活教育の場は極めて重要であり、そのような場がないことが不登校・引きこもり状態を長期化させているのが現状であると感じています。

本書の第1部2章では転入前にアスペルガー症候群の診断を受けていた弘志の実践報告が紹介されています。

「2年生の時は毎日のように担任から電話があり、本当にしんどくて、情けなくて情緒不安な日が続き、将来を悲観して息子の首に手をかけたことも一度や二度ではありません」

この弘志の母親の言葉はあまりにも重いものです。問題行動の背後にあるＡＳＤの子どもの思いは理解してもらえず、否定的な行動ばかりを学校から報告されることが、どれぐらい保護者を追い詰めることになるのか、思い知らされます。

弘志は担任からは「地元の中学校に通うのは無理です」と言われる一方、教育委員会からは「知的障害がないので養護学校の対象ではない」という、あり得ない対応をされます。

現在であれば、特別支援学級の情緒障害の学級があるので、さすがにこのような対応をされることはないかもしれません。しかし、情緒障害学級などで、ある程度、弘志の発達特性に対応した学習支援はできたとしても、個別の学習支援にとどまり、24時間の生活の中で生活的自立の力を育てたり、仲間とのトラブルは繰り返しながらも、「自分の思いと相手の思いの間の折り合いをつけていく力」を獲得していけるように支援していくことには大きな限界があると考えます。

弘志には学校内の移動にさえ混乱してしまうような「空間認知の障害」、他者の感情の読み取りの困難さ（「心の理論」の障害）、「急な予定の変更があるととても混乱する」（実行機能の障害）、人間関係を「上か、下か」でとらえる傾向、ぬるぬるしたものやべたべたしたものが極端に苦手（感覚過敏）、一度感情が高ぶると自分でも容易にはコントロールできない（感情調節の困難さ）、一方的に自分の興味・関心で話しまくる（相互的な関係を築くことの困難さ）、幅広い知識はある一方で、書くことは極度に苦手（書字障害）など、ＡＳＤにしばしばみられる特性を強くもっていました。もちろん、その一方で記憶力はよく、学習範囲以上の英語の単語や慣用句を覚えてしまう、音符と音符の離れ具合をみて音取りができる、というような肯定的な特性ももっていました。

貝塚養護の学部では、例えば「準備運動やバレーボールなどで視覚的に周囲の動きが見えるように配慮する」「弘志もゲームに参加できるように『弘志ルール』を認める」など、弘志の「特別なニーズ」に対する合理的配慮を行うことで支援していました。

寄宿舎でも、「感覚過敏に考慮して掃除場所を固定化する」「じっとしているのが苦手なことに配慮して、部屋会議などでも腕立て伏せや腹筋などをしながら会議に参加することを認める」「学校で混乱が大きくなってきた時には寄宿舎の部屋に戻り、心を落ち着かせる」「混乱から抜け出せる避難場所の確保」、さらに、「耳で聞くよりも目で見た方がわかりやすい」という特性を踏まえて、注意する時なども「静かにして」「話を聞く」などを紙に書いて提示するなどの配慮をしていました。

もちろん、「視覚支援」などは、今日では特別支援教育のなかでも特に強調されており、情緒障害学級などでも実践されているものです。しかし、学習場面だけでなく、生活全体を通して、発達障害の子どもが直面するさまざまな課題やトラブルを乗り越えられるように援助している点に貝塚養護の実践の独自性があります。とりわけＡＳＤの子どもの場合、上手に周囲から助けてもらいながら、日々の生活を自分でコントロールできるように支援していくことが極めて重要です。本人の「特別なニーズ」を理解しながら、少しずつ乗り越えるべき課題を設定し、「床拭き」などの苦手な課題も克服できるように働きかけていくことは、やはり寄宿舎という生活の場があり、そこに仲間との共同生活があるからこそ取り組めたことでしょう。

弘志は職員や仲間とトラブルを繰り返しながらも、中学校3年生の3学期には「高校では貝塚のような特別はアカン」「人とコミュニケーションをとるのは苦手だから、パソコンを使った仕事が向いていると思う」というような自己理解を獲得すると同時に、「貝塚は先生もフレンドリーだし、前もって何をするのか教えてくれるのでありがたい」と貝塚の教職員への信頼感を育んでいきました。

このように、貝塚は発達障害の子どものもつ「特別なニーズ」を学習面だけでなく、生活全体を通してとらえつつ、自立に向けての課題の取り組みを進めてきたといえるでしょう。

⑵虐待的な養育環境に置かれていた子ども

虐待的な養育環境の中には、第1部1章の勉の事例のように、保護者の精神病理その他の要因によって、深刻なネグレクト状態に置かれている子どもがいる一方で、激しい身体的虐待、ときには性虐待などの暴力被害を受けている子どもたちも存在しています。もちろん、身体的虐待とネグレクトが重複している場合もあります。ここでは被虐待状況に置かれてきた子どもに対する貝塚養護での取り組みを紹介してみたいと思います。

①ネグレクト状況に置かれてきた子ども

本書の第1部1章で紹介されている勉は、入学後に走ることすらできない自分を見て「オレ人間じゃないな」と漏らしたそうです。まさしく深刻なネグレクトの養育環境は、彼自身がそうつぶやかざるを得ないほどに、「人間の生物学的基礎」（汐見）を奪いとってしまっていたと言えるのかもしれません。

このようなネグレクト状況に置かれてきた子どもの「人間の生物学的な基礎」をしっかりと育てていく取り組みは、貝塚養護のような24時間の生活教育の場なしには不可能であったと言えるでしょう。

それと同時に、勉の母親のように、保護者に精神疾患があり、貝塚養護の職員が何度も自宅の清掃や片付けに入らなければ子どもの基本的な生活環境を保障できない事例、そして、保護者の精神的な不安定さに子どもが巻き込まれ、子どもの自立が妨げられてしまう事例も貝塚養護では少なくありませんでした。

今日でこそ、不十分ながらもスクールソーシャルワーカーが教育委員会に配置され、関係諸機関と連携して家庭への支援・介入を行うシステムが築かれ始めていますが、勉が在籍していた1990年頃はそのようなシステムもなく、ソーシャルワーカー的な役割も貝塚養護の教職員が果たすしかなかった事例もありました。勉の事例は、何とか精神疾患を抱える母親を支援することで、勉が母親から心理的に離れて自立していけるように支援できた事例であったと言えるでしょう。

②身体的・性的虐待などによって、心的外傷を抱えていた子ども

身体的・性的虐待などの深刻な虐待被害や、両親間の激しいDVなどの問題から不登校に追い詰められていく子どもも存在しています。

1980年の末頃に貝塚養護に来たAさんの母親は、何度も自殺未遂を繰り返す、おそらくは境界性パーソナリティ障害の診断基準を満たす方でした。母親は何度も結婚、離婚を繰り返しており、Aさんは小学校高学年時に義父からの性暴力被害を受け、そこから心気症的症状が悪化して不登校に追い詰められた子どもでした。寄宿舎に入舎してしばらくするとAさんの心気症的症状は減少しましたが、それに代わって他の子どもたちへの攻撃性が強まり、Aさんが怖くて寄宿舎に帰ってこれなくなる女子生徒も出てきます。本書で紹介したさやかに似たような恐れられる存在だったと言えるかもしれません。

そのようなAさんに対して、職員集団は何度も対決し、Aさんと激しくぶつかることもありましたが、卒業を間近にした中学3年生の3学期、職員と激しく衝突した後に、小学校高学年の時の義父からの性暴力被害の体験を涙ながらに語り、それ以降は、それまでの職員に対する反抗的・攻撃的な言動はすっかり消え、信頼する職員にまっすぐに甘えられるように変化していきました。

ちなみに、Aさんが3年生の秋、筆者が寄宿舎に泊まっていた日に、Aさんから「今度、来るまでにレポートを書いて来て」と言われたことがありました。「何のレポート？」と尋ねると、「環境によってつくられた性格は、その後の環境によって変わるものなのか」というものでした。後で振り返って考えると、虐待的な養育環境で育ち、義父からの性暴力まで受けて、他者や世界に対する

深い不信感を抱かざるを得なかったAさんでしたが、貝塚でもう一度、他者への信頼感を取り戻しつつあったのではないか、しかし、これまでの否定的な体験が重くのしかかり、「信じたい。でも信じるのが怖い」という葛藤の中にAさんは置かれており、その葛藤を私に対するレポートの課題として表現していたように思いました。

最終的にAさんはこの激しい葛藤を乗り越えてまっすぐに自分の外傷体験を職員に語り、他者と世界に対する信頼感を取り戻して貝塚を旅立っていったと言えるでしょう。筆者が、貝塚養護が果たしている機能として「家族的環境への権利」という柱を立てたのも、このAさんのことを強く意識していたからでした。Aさんのような家族的環境を奪われてきた子どもに対して、寄宿舎の職員は代替的家族ケアを保障してきたのであり、これも生活の場としての寄宿舎があったからこそ果たし得た機能であると言えるでしょう。

子どもには親が背負ってきた傷つきや悲しみを背負わないで生きていく権利、親の不幸を乗り越えて「幸せに生きる権利」があります。そして、それは他者や世界、そして自分自身に対する信頼感を取り戻していくことなしには困難です。貝塚の寄宿舎は、困難な養育環境に置かれてきた子どもたちの「代替家族ケア」の場として機能するなかで、子どもたちの他者と世界、そして自分自身に対する信頼感を取り戻す場としても機能していたと言えるでしょう。

貝塚養護学校が廃校になって、まもなく10年の年月が流れようとしています。

かつて貝塚に来ていた子どもたちが抱えていた「発達の危機」は、今日ではさらに多くの子どもたちの上にのしかかり、現代社会を生きる大人たちにはもはや「問題」とさえ感じられなくなってしまっているように感じることがあります。言い換えれば、子どもたちの「人間としての生物学的な基礎」の危機がもはやフツーになってしまった時代であるとも言えるでしょう。

また、「家庭崩壊」の問題も一部の子どもたちではなく、多くの子どもたちの「日常」になってしまっているのではないでしょうか。

さらに言えば、新自由主義の「自己責任の原則」が強められていく中で、そのような「発達の危機」を抱えた子どもたちに対する公教育の責任そのものが放棄されてしまっていると言えるのかもしれません。

しかし、だからこそ、子どもたちの「発達の危機」を克服していくために、今、保障されなければならない生活世界のあり方を貝塚の実践から学び取っていくこと、そして、それをもう一度、公教育の責任として提起していくことが、私たちに課された課題なのではないでしょうか。

引用文献
大藤栄美子・楠凡之・藤本文朗編　1992『登校拒否児の未来を育む——寄宿舎のあるもう一つの公立学校』(大月書店)
汐見稔幸　2015「その子らしい物語を描くということ」教育科学研究会編『教育』2015年4月号、№831

第3部―2

健康問題の多様化と貝塚養護学校の実践
――病弱教育の視点から考える

福岡女学院大学人間関係学部子ども発達学科
猪狩恵美子

「今あるべき学校」……貝塚養護学校（以下、貝塚養護）の募集停止が発表された後、卒業生が報道番組のインタビューでこう語っています（関西テレビ「金曜日のギモン」2007・2008年）。貝塚養護の近年の実践は、これからの病弱養護のあり方を提起するものとして注目されてきたといえます。しかし、突然の募集停止から始まる動きのなかで、その歴史に終止符が打たれることになりました。

理由は「本来の病弱教育ではない」ということでした。果たしてそうなのでしょうか。貝塚養護と出会い、新しい自分づくりに向かっていったような子どもたちの教育は今後、どうあるべきなのでしょうか。

貝塚養護が、病弱教育のなかでどのような位置にあるのかを確認し、その実践から、現在の子どもの健康と発達を守る病弱教育は何を継承していくべきか、考えてみたいと思います。

1　1990年代の病弱教育の動向と貝塚養護学校

⑴入院中の教育と「不登校の子ども」の教育

1990年代の病弱教育は、小児医療や子どもをめぐる社会の変化のなかで、2つの特徴的な動きが見られました。1つは、「入院中の子どものための教育の広がり」、もう1つは「病弱養護学校における不登校傾向のある子どもの増加」です。

長く「治療優先」「病気が治ったら学校」という理解が根強かった学校教育でしたが、小児がんの治療成績が向上するなかで、小児医療関係者から教育を受けることによって子どもの闘病意欲が高まり、治療効果が上がると評価されるようになりました。このことが、保護者・子どもへの力強い応援となり、入院中の教育を実現する大きなうねりとなったといえます。国の調査研究協力者会議が招集され「病気療養児の教育について（通知）」が1994年12月に出され、文部省（当時）から初めて「入院中の教育の必要性」が打ち出されたのです。

一方、それまで病弱養護学校が対象としていた心臓病、腎臓病、小児喘息などは入院期間が短くなり、家庭で通院・服薬等を行いながら地元の学校に通学する形に変わってきました。そのため病弱養護学校では、慢性疾患の子どもは減少し、いじめや学習の遅れなどから不登校になり、心身症、喘息、アレルギー、肥満などの症状の改善のために入学してくる子どもの割合が高くなってきました。

当時、病弱養護学校すべてが不登校の子どもをすぐに受け入れたわけでなく、「本来の病弱教育の対象ではない」「病弱養護学校で安易に受け入れることは不適切ではないか」という意見もあるなかで、貝塚養護学校は、1960年代から、こうした子どもを受け入れてきており、その実践は医療機関からも信頼が寄せられてきました。

⑵特別ニーズ教育としての貝塚養護学校

１９９０年代はまた、特別ニーズ教育・インクルージョンに向けた国際的な広がりのなかで、わが国においても特別支援教育の理念とシステムが模索されていった時期でした。発達障害に対する理解と支援の必要性が提起され、「気になる子ども」「グレーゾーンの子ども」、診断のある・なしにかかわらず「困っている子ども」への支援の必要性が議論されるようになってきたのです。

貝塚養護では、まだ、発達障害という言葉さえ知られていなかった時期から、心身の不調、勉強ぎらいや学習の遅れ、友人関係・集団参加でのつまずき、家庭での養育困難などを抱えた子どもたちを受けとめてきた実践が多く蓄積されていました。

そのため、特別ニーズ教育の視点から、貝塚養護学校のような寄宿舎がある養護学校は、特別支援教育時代に求められる大切な学校だとしておおいに期待が寄せられました。実際、大阪そして全国で貝塚養護学校の実践は注目され、特別支援教育が動き出す直前の２００２（平成14）年には大阪市教育委員会の推進事業「個性輝く学校づくり」の研究を発表し表彰を受けています。発達障害やそれに共通する困難を抱えた子どもたちの多くは、それまでの不適切な対応によって二次障害を嵩じさせており、教室での授業改善・学習保障だけでなく、子どもをまるごととらえ、仲間のなかで育つ力をはぐくむ取り組み、生活上の困難の解決のために福祉や医療関係者との連携が求められます。貝塚養護が積み重ねてきた教育は、まさにそうした今日的課題につながる実践だったのです。

2 特別支援教育の開始と貝塚養護の再編

しかし、２００４年12月22日に大阪市養護教育審議会専門調査委員会では「市内に移転し、心身症をはじめとする病気により生活規制を必要とする児童・生徒を含め、これまでの貝塚養護の実績を引き継ぐ形にすることが考えられる」という検討が始まりました。そして、２００５年7月27日に大阪市養護教育審議会は「これまでの実績を踏まえつつ、現在、連携をとっている大阪市立大学附属病院、大阪市立総合医療センター等の病院との密接な連携ができる市内に移転し、市内の小・中学校の院内学級への支援をはじめとする病弱教育に関するセンターとしての機能を充実させる等、その在り方について検討する必要がある」と答申しました。

冬景色

これに不安を抱いた市民・保護者・教職員等は、大阪市教育委員会と市民団体との交渉の場で、貝塚養護の将来構想について質問しました（２００５年10月21日）。それに対して「貝塚養護学校では、子どもたちが自然のなかで健康回復に向けて取り組んでいる。寄宿舎においても、心身症・肥満などの教育について効果をあげていただいている」と評価し、「成果を大阪市の宝として取り組んでいきたい。貝塚養護学校をつぶすことは考えていない。寄宿舎についてはなくてはならないものと受けとめている」と大阪市教育委員会養護教育課は回答しています。

しかし、翌2006年11月7日、大阪市教育委員会は、貝塚養護学校の就学に関する学校指定について、「平成19年4月1日から停止」を発表。新たな児童・生徒の受け入れは行わないが、貝塚養護が「現在行っている大阪市内の病院に入院する児童・生徒を対象とした訪問教育については引き続き行います」という方針が示されました。この理由として2003年に、隣接する国立療養所千石荘病院（以下、千石荘病院）が廃止され、「在籍数も年々減少し、学校としての存続が困難になったため」と説明されています。大阪市教育委員会は、学校の廃止理由として、①日常的な病院との連携ができていない ②病状の改善を図り地元校に戻す病弱養護学校の役割が果たせていない、との2点を挙げていました。市内の病院訪問は継続するが、学校指定停止に伴い在籍者がいなくなった段階で貝塚養護学校は閉校、大阪市内の他の特別支援学校を病弱教育の新たな拠点としていくとされたのです。

一方、「これまで、貝塚養護学校で受け入れていたような、入院を必要としない児童・生徒については、家庭・地域における生活を基盤とし、小・中学校の通常の学級や病弱養護学級において、指導・支援を行い、教育・医療・福祉の密接な連携のもと、本市病弱教育の一層の発展を図って参ります」と、新しい方針が出されました。

これに対して貝塚養護学校の存続を求める請願署名は21万筆に上り、保護者・市民が集会で貝塚養護の必要性を訴えましたが、特別支援教育を推進する役割が期待されていた貝塚養護学校が、特別支援教育の開始と同時に閉校されるという結果となってしまったのです。貝塚養護だけでなく、大阪府立泉北養護学校（２００９年３月閉校、知的障害高等部単独校になる）、東京都立片浜養護学校（２００４年閉校）、東京都23区の健康学園がすでに閉校されていました。これらはすべて寄宿舎のある病弱養護学校・虚弱学級です。肥満や不登校が改善していく教育効果が高く評価されていたのですが、従来の慢性疾患の子どもが減少し始めると、寄宿舎のある学校を維持する一人当たりの費用対効果の観点から、閉校に大きく舵を切ったといえます。「人も金も増やさない」という特別支援教育の大勢のなかで、「寄宿舎のある養護学校」の良さが逆に教育リストラの理由になっていったといえるでしょう。

3 病弱教育のしくみと貝塚養護学校

特別支援教育のなかでも、わかりにくいのが病弱教育のしくみです。「特別支援学校」「特別支援学級」や「通級による指導」という、基本の枠組みは他の障害と同じですが、自治体によって病弱教育の場の整備・運用がまちまちだからです。病弱教育の場、対象、特別支援学校（病弱）の現状をみながら、貝塚はどういう学校だったのか確認しておきたいと思います。

(1)病弱教育の場としての貝塚養護学校

病弱教育が行われている場は大きく分けると、「特別支援学校」と、小・中学校に設置された「病弱身体虚弱特別支援学級」と「通級による指導」があります。

「特別支援学校（病弱）」は、国立病院等公立の医療機関に隣接して開設された学校が多いのですが、寄宿舎のある特別支援学校もあります。病院への訪問教育を行っている学校や、隣接する病院以外に病院内分教室を設置している学校もあります。

「特別支援学級（病弱・身体虚弱）」は、小学校または中学校の校舎内に設置され、子どもが通学してくる特別支援学級と、学区域内の病院に設置された「院内学級」があります。

「通級による指導」は大部分の時間は、通常の学級で学習し、学習の補充や障害に応じた学習・援助を受ける場になります。病弱虚弱で通級指導を受けている子どもは全体の0・02％程度ですので、病気の子どもの教育の場は主に「特別支援学校」「特別支援学級（院内学級を含む）」になります。

貝塚養護学校は、初めは大阪市立少年保養所、後に千石荘病院小児科に入院する子どもを受け入れてきました。結核児の治療は「治療後のアフターケアをもって完結する」として、治療と教育を結合するために寄宿舎を設置し、寄宿舎を活用した実践を進めてきた特別支援学校（病弱）だといえます。

(2)病弱教育の対象からみた貝塚養護学校の子ども

特別支援学校（病弱）と身体虚弱

特別支援学校の対象となる子どもは、学校教育法施行令第22条の3に「病弱者」として示されています（現行の基準は2003年4月より施行）。

「病弱者」

一．慢性の呼吸疾患、腎臓疾患及び神経疾患、悪性新生物その他の疾患の状態が継続して医療又は生活規制を必要とする程度のもの

二．身体虚弱の状態が継続して生活規制を必要とする程度のもの

改正前には「一．慢性の胸部疾患、心臓疾患、腎臓疾患等の状態が六月以上の医療又は生活規制を必要とする程度のもの　二．身体虚弱の状態が六月以上の生活規制を必要とする程度のもの」となっていました。この基準が策定された1960年代初めは、病弱教育を受けている子どもの半数は結核療養中の子どもで、長い入院生活の間に病弱教育を受けていたのですが、時代とともに子どもの病気が変化し、入院期間が短縮化したため改正が行われました。

貝塚養護学校は、第一項の子どもだけでなく、第二項に示されている、常時入院する必要はないけれども「継続して生活規制を必要とする」子どもを対象にして、積極的に教育実践を行ってきました。特に千石荘病院の閉鎖のあとは、入院はしていないけれども、自宅や学校での健康管理や学習・生活に困難を抱えた子どもをしっかりと受けとめてきました。

近年の在籍者の実態に対して「本来の病弱教育の対象ではなくなった」という評価も聞かれますが、「就学基準」に明確に規定されているのであり、全国病弱虚弱教育連盟が示す「全国病類調

査」では「V．心身症など行動障害」と分類され、国際疾病分類ICD—10の「V．精神及び行動の障害」に対応しています（武田鉄郎、2012）。

⑶特別支援学校（病弱）における「併置化」と貝塚養護学校

表1は、特別支援教育に転換する以前の、病弱養護学校の設置数・在籍者数の推移です。比較のため、知的障害養護学校についても記載しています。

1955年の段階では、学校数・在籍者数ともに、知的障害の養護学校よりも病弱養護学校の方が多かったことがわかります。その後、1975年から85年にかけて、病弱・知的障害ともに増加が顕著ですが、これは養護学校義務制実施（1979）によるものです。けれども、病弱養護学校では1985年の在籍者数、

表1　病弱養護学校の学校数と在籍者数の推移

	学校数		在籍者数	
	病弱	知的障害	病弱	知的障害
1955（昭和30）年	3校	1校	237名	60名
1965（昭和40）年	34校	58校	1,845名	4,923名
1975（昭和50）年	70校	201校	4,623名	19,081名
1985（昭和60）年	95校	453校	7,219名	52,061名
1995（平成 7）年	97校	501校	4,733名	52,102名
2005（平成17）年	96校	523校	3,967名	63,382名

（文部科学省：平成28年度特別支援教育資料より作成）

表2　単一の障害種を対象とする特別支援学校

障害種	学校数	幼児児童生徒数
視覚障害	63校	2,731名
聴覚障害	86校	5,644名
知的障害	540校	78,955名
肢体不自由	129校	11,192名
病弱	58校	2,248名
	876校	100,770名

（文部科学省：平成28年度特別支援教育資料より作成）

1995年の学校数がピークになっています。

2007（平成19）年以降は、複数の障害種部門をもつ特別支援学校が増加し、病弱者のみを対象とする学校と、病弱者と他の障害種の部門を併置する学校を総称して学習指導要領では「病弱者である児童生徒に対する教育を行う特別支援学校」となっています。省略して「特別支援学校（病弱）」と表記されることが多くなっています。病弱者のみを対象とする学校が2016年度には58校、他の障害との併置校が90校となり、併置校が増加しています。表2をみると、病弱のみを対象とする特別支援学校は学校数・在籍者数とも一番少ないことがわかります（表2）。

文部科学省の平成28年度特別支援教育資料では、複数の障害種を対象としている特別支援学校249校のうち、肢体不自由と病弱（26校）、知的障害・肢体不自由と病弱（29校）、知的障害と病弱（15校）、視覚障害と病弱、視覚障害・肢体不自由と病弱、聴覚障害・知的障害・肢体不自由と病弱がそれぞれ1校のほか、視・聴・知・肢と病弱の5障害を対象としている学校が17校となっています。着実に併置化が進む傾向がみられます。寄宿舎のある特別支援学校（病弱）は2017年度には8校になりました。病院併設ではなかった貝塚養護学校と門司特別支援学校の再編で寄宿舎がなくなったためです。特別支援学校全体のなかでも、特別支援学校（病弱）は少ないのですが、さらに寄宿舎のある特別支援学校はごく一部になっています。

入院期間の短縮化と病弱養護学校在籍者数の減少

表1でみたように病弱養護学校在籍者数は90年代以降、減少傾向が続いています。この背景には医療の進歩によって入院期間が短期化したこと、子どものQOLを重視し、家庭での生活が可能な限り尊重されるようになったこと、医療保険制度の改正で長期入院ができなくなったことなどがあります。その結果在籍者数の減少が進み、増え続ける知的障害校の入学者に応えるため「今ある社会資源の活用」として、病弱養護学校の併置化も進みました。特に寄宿舎のある病弱養護学校は、人数が少なくては「教育的効果が期待できない」という理由から統廃合が進められました。

貝塚養護学校の場合、大阪市立光陽特別支援学校（肢体不自由、平成28年度より大阪府立光陽支援学校）の病弱部門として統合されましたが、同校には寄宿舎がなかったため、寄宿舎は大阪市立視覚支援学校（平成28年度より大阪府立大阪北視覚支援学校）に統合されるという、学部と寄宿舎を分けた二重の統合になった点が特徴です。貝塚養護から移った子どもが卒業した後、寄宿舎や自宅から通学してくる子どもはいなくなりました。

「寄宿舎のある病弱養護学校」が少なくなり、存在が忘れられようとしている今日、あらためてこうした学校を必要としている子どもの視点から、これまでの実践から何を継承していくべきかを考えてみる必要があるでしょう。

①入院する必要はないけれど……さまざまな生きづらさと発達困難を抱えた子どもたち

「3（2）．病弱教育の対象からみた貝塚養護学校」で紹介した学校教育法施行令第22条の3の第二項に示されている「身体虚弱」の子どもたちは、入院するほどではないけれども病弱教育が必要な子どもたちであり、全国的にも特に寄宿舎のある特別支援学校が、その受け皿になることが多かったといえます。

全国病弱虚弱教育連盟研究協議会の報告集「病弱虚弱教育」を見ても、1990年になるとそれまでの疾患が減り、「神経系や登校拒否等の増加、学習空白・学習の遅れ、家庭崩壊・放任、愛情不足からくる欲求不満」「わがまま・無気力……」などが見られるようになったと各地の学校から報告されています。「心身症が70％、他の疾患との重複も入れると83％」（福田、1998）、「発達障害の二次障害」（坂本，2005）という実態が広がってきたことがわかります。

ぎんなん拾いのイチョウの木

現在は、特別支援学校（病弱）の子どもの42・5％に発達障害が併存しており、その多くは入院後に診断を受けていることも報告されています（鈴木・武田・金子、2008）。地元の学校に在籍したまま不登校、学校不適応が生じているケースはさらに多く、特別支援学校（病弱）で学んでいる子どもは氷山の一角だといえるでしょう。

入院する必要はなくても地元の学校生活や、家庭での生活に困難を抱えた病気の子どもは「困っている」子どもです。不登校は、地域・地元の学校・家庭が連携して解決すべき課題だとする行政の見解も示されていますが、思春期のこころや行動の疾患は経過が長く、医療だけでなく教育や福祉など多様できめ細かい支援が必要です。「病気」というと家族任せになりがちですが、家族だけではでは支えきれない状態だと理解する必要があります。

本書の「歴史」や実践報告で述べられているように、そもそも子どもの病気や生活は医療や社会状況とともに変わってきているのです。「本来の病弱教育の対象かどうか」ではなく、特別支援学校での確かな実践を深め、地元の学校や医療・福祉と連携した支援の輪をつくることが、特別支援学校（病弱）のセンター的役割としてとても重要になっているといえます。

②寄宿舎のある特別支援学校（病弱）の役割

家庭での養育が難しい子どもにとって、寄宿舎は非常に重要な役割を果たしますが、ただ寄宿舎があればよいのではありません。本書の実践報告や第2部「学校づくり・授業づくり」「寄宿舎での取り組み」はそのことを語っています。同じように寄宿舎を併設していた北九州市立門司特別支援学校では、①生活リズムの確立、②わかる勉強、③コミュニケーションの3つの柱の有効性を報告しています（永冨、２００７、大谷、２０１０）。

長い間の学習空白・学習の遅れを抱えてきた子どもにとって、つまずいたところをわかるように教えてもらい、できた・わかったという実感をもてる学習は、大きな自信と希望になっていきます。そうした学習が成立する前提は、安定した毎日の生活が送れる環境です。不登校を長く経験してきた子どもには昼夜逆転が生じています。朝起きて夜は寝る、三食きちんと食べる、栄養を考えたごはん、入浴・歯磨き……生活リズムが整ってくると子どもの自律神経が活性化し、心身が安定してきます。

そして、こうした生活全体のなかで大切な土台となっているのが安心できる教職員の存在や、同じような辛い経験をしてきた友だち・仲間との出会いと共感です。寄宿舎のある学校だからこそ子どもの一日が見渡せ、その折々の子どもの行動や気持ちを理解しながら生活や学習を支えていくことができます。問題行動の解消に重点が置かれ、子どもを追い立てるように矯正していく生活ではなく、ゆったりとした流れのなかで安心して経験を広げながら見通しをもち、生活の主人公として新しい一歩を踏み出していけるのです。そして、学校と寄宿舎という場を子どもの安心の基地にしているのは、信頼できる大人や仲間の存在だといえるでしょう。

5 貝塚養護学校の子どもの特徴

①貝塚養護の子どもと心身症

「身体虚弱」という状態像を示している子どもは、診断や医療的配慮は適宜必要ですが、日常的に生活をともにし、人間関係を築いていく教育的関わりが状態改善に有効だといえます。

貝塚養護学校では、1961（昭和36）年から自律神経失調症のある不登校の子どもを受け入れ、こうした子どもの病気と心理的不安を改善する病弱教育を先駆的に進めてきました。貝塚養護だけでなく、「全国病類調査疾病分類」の「V．心身症など行動障害」は、重複障害を除くと近年、特別支援学校（病弱）の児童生徒のなかで最も高い割合を占める病類となっています。「心身症などの行動障害」は、長期慢性疾患であり、ストレスの多い現代社会において減少することはない、今後、さらに増加することが予想される疾患です。

日本小児心身医学会は「心身症とは身体疾患のなかで、その発症や経過に心理社会的因子が密接に関与し、器質的ないし機能的障害が認められる病態をいう。ただし、神経症やうつ病など、他の精神障害に伴う身体症状は除外する」と定義しています。心身症は，身体疾患ではあるが、背景に子どもが抱えているさまざまな心理的な因子があることが特徴であり、家族病理・家庭環境が及ぼす影響が大きいとされています。自律神経失調症、心因性発熱、起立性調節障害、神経衰弱、心因性チック症、適応障害、不登校、不安障害、強迫神経症、うつ病、摂食障害、慢性疲労症候群などが含まれます。

発達障害が外からわかりにくく、親のしつけ、本人のやる気の問題にされるのと同じように、心身症も本人にとっては大変苦しい状態であるにもかかわらず、周囲から理解してもらいにくいため二次障害が生じやすくなります。「心身症などの行動障害」は今日の学校現場では代表的な子どもの疾患となりつつあり、適切な理解と対応が求められています。特別支援学校（病弱）で進めている、こうした子どもたちに対する教育的配慮の実践を「病弱教育ではない」と切り捨てるのではなく、いっそう充実させ、地域の学校に還元していくことが求められています。明治以降の富国強兵政策のなかで戦前でさえ虚弱児教育が重視されてきたのに、特別支援教育時代の今日、医療と教育と福祉の緊密な連携が求められる虚弱児教育が軽視され、子どもの行き場がなくなってきていることは深刻な問題です。病弱教育としてきちんと受けとめられるべき疾患が、「不登校」という状態像だけが注目され、子どもたちの特別なニーズが捨象されてしまっています。

②貝塚養護の子どもと「地元の学校」

病気の子どもにとって、地元の学校への思いはとても強いといえます。「入院中の教育は受けたいけれど二重学籍を認めてほしい」という要望が、90年代、入院中の教育を求める取り組みのなかで保護者から出されていました。入院によって、家庭生活からも切り離され、学校からも切り離されてしまうことの不安の大きさはさぞかしだと思います。逆に、つながっている・帰っていく場所があるという実感は、子どもやご家族の不安をずいぶん楽にしてくれることでしょう。

貝塚の子どもたちにとっても「地元の学校」は大きな意味があります。卒業を祝う会で一人の中学生の女の子は、寄宿舎の先生に感謝の気持ちを泣きながら述べ、それでも「在校生のみなさんはここで卒業するのではなく、地元に帰って卒業できるように頑張ってください」と結んでいます（大阪市教職員組合制作ビデオ「旅立」）。貝塚での生活を「よかった」と思いながらも、地元の学校で不登校になってしまった、そして復帰できなかった自分へのくやしさと悲しみが伝わってきます。

病気の子どもたちのなかでも、特に「身体虚弱」といわれる子どもたちは、自分をどのように理解したらいいのか、なぜ、どこでつまずいているのか、わからないつらさを抱えているといえます。明らかな病名・障害名がついていない場合、周囲からの理解も得られず、だれよりも自分が一番、納得できない葛藤を抱えているのではないでしょうか。明らかな治療法がないため、「地元で頑張らなくてはならなかったのに」と、地元校・地域への思いは複雑で深いものがあります。

寄宿舎のある病弱養護学校の存続について「不登校の子どもの問題は、地元で、家庭・学校・地域が連携して支援すべきである」として統廃合が進められてきたわけですが、寄宿舎のある病弱養護学校は、「ゼロからの出発ができる」と言われます。地元ではそれまでのいろいろな事情を引きずって「マイナスからの出発」になり、やり直すことにも大変なエネルギーを要することが多いのです。「地元校に戻す」ということは機械的な対応であってはならず、「戻す」ことがゴールではなく、将来的な自立をめざすことがゴールです。拙速に戻すことによって、学校不適応を繰り返し、二次障害を引き起こすことも少なくありません。近年の在籍者の多くは、安易に地元校復帰を追求することが困難になってきています。

また、復学支援は特別支援学校（病弱）だけの努力、子ども・家庭の努力だけでは限界があります。不登校・学校不適応は、子どもの責任ではなくさまざまな環境要因を解決していかなくてはなりません。これまで経験した学校や家庭での困難を乗り越えていくためには、特に思春期に、安心して学びと経験を豊かに広げて、エネルギーをいっぱい充電できることと、帰っていく地元の受け皿を整備することの両方が必要です。貝塚養護が一人ひとりの状況を地元校や医療・福祉関係者と十分確認しながら、試験通学等地元校との連携も進め、地元校復帰（復学支援）や高校進学を実現してきた実践は、大阪市教育委員会からも高く評価されていました。

「地域・学校・家庭が連携して取り組むべき」という主張は総論としては間違っているわけではありませんが、子どもの成長発達をしっかりとサポートするしくみが不可欠だといえます。地元校そして帰っていく家庭・地域の環境・条件の整備に対する教育委員会をはじめとする教育行政の役割とネットワークが求められています。

私が東京都の教員をしていたとき、区立の健康学園（千葉県や静岡県などにあった、小学3年～6年の子どものための都内区立小学校の病弱虚弱学級）がいとも簡単に廃止されていくのを目の当たりにしました。その時も、「これからは地元の学校で支援する」と言われましたが、その後の経過を各区の教育委員会に聞き取り調査した結果、地域のなかで新たな取り組みが開始されていた区はひとつもありませんでした。「地域で解決すべき」といううたい文句が特別支援学校（病弱）潰しの口実であっては絶対になりません。

③貝塚の子どもと他障害との併置

もうひとつ、子どもたちの特性から配慮すべき点として、自我・アイデンティティの確立という視点から併置化を考えておく必要があります。先述したように、特別支援学校で推進されている複数障害部門の併置ですが、特に病弱教育の在籍者の減少を、他障害との併置で学校を有効活用するという形が見られます。

貝塚養護学校に転入してくる子どもの多くは、小・中学校での負の経験、葛藤・矛盾が、思春期を迎える頃に大きくなり耐えきれなくなって貝塚養護にたどりついた子どもです。特別支援学校（病弱）では小学生が少なく中学生が多いという全国傾向がみられます。

その子どもたちが「ぼくの、わたしの学校」と思えたのは、そこで学び合う仲間との関係のなかで「自分」を見いだしていくことができたからだといえるでしょう。地元の学校のなかで、自分と他者の違いに極めて敏感であるにもかかわらず、その違いが何か、納得できる説明を見つけられずに悩んでいた子どもが「病気である」ことを手がかりに自分の置かれている状況に自分なりの答えを出していったといえます。ただ社会資源の効率的活用で、他の障害児学校と一緒にするだけでは、彼らの求めている答えは探せません。

聴覚障害や視覚障害のある当事者は自らの育ちを振り返り、思春期に「同じ障害をもつ友人と出会えたことが、私の人格形成（肯定的な障害の受容）に大きな影響を与えている」と述べています（安間、1999、大杉、1999）。安間は「自立生活へのスキルを身につけ、困ったことがあったら友人に相談できるという安心感をもち、自分の障害を肯定的に受けとめられる私自身になれた」のであり、「お客様として学ぶのではなく、主体的に学べる場所に恵まれたことに感謝している」としています。

貝塚養護学校の子どもを含め、病気の子どもも同様のニーズがあることは確かです。けれども、身体虚弱の子どものこうしたニーズは複雑です。貝塚養護学校の対象となっていたような子どものほとんどは、自らを「障害がある」という理解はしていません。周囲からも「どこが病気なのだ」

という目を向けられることが多く、心身症という診断を受けても、本人も周囲も「怠けている」「やる気がない」と感じてしまうことが多いのです。この点に、留意する必要があります。

「普通の子ども」のはずなのに、勉強ができない・運動ができない・学校が好きではない。友だちとうまくつきあえない、家庭の生活や家族関係がうまくいっていない。こうした自分に困っているのですが、自分や家族の問題だととらえていることが多く、他者の理解や援助を受けることなど考え及ばず、自分や家族を責めていることが多いのではないでしょうか。多くの困難を抱えているにもかかわらず、こうした子ども・家族が特別支援学校（病弱）に自分から相談していくことは難しいのですが、小・中学校の教職員も特別支援学校（病弱）に対する理解が不足しています。このことも、在籍者数の減少傾向の背景要因になっているといえます。

障害の種類や程度を超えた学校・社会がめざされる今日、併置化はさらに進むと思われますが、経済効率ではなく子どもの自己理解・他者理解という視点からのていねいな吟味と実践が求められています。そのためにも、「本来の病気の子どもではない」という理屈で子どもを排除するのではなく、まず「病弱教育」として、この子どもたちの困難と願いをしっかりと受けとめることが重要です。病気であることを確認しながら必要な環境改善を図り、そのなかで支えてもらう心地よさを知り、自分を発見していく――これがこの子どもたちの病弱教育です。

6 貝塚養護学校の実践から病弱教育につなげるもの

病気の子どもにとって、また家族にとって、学校のもつ意味はとても大きく、大切なものであることは言うまでもありません。小児医療関係者から「教育を受けることは治療効果を高める」と評価されたように、子どもにとって学校があるということは、みんなと一緒に大きくなっていくんだという明日への希望だといえます。それだけに、思っていたような学校生活が送れなくなった時、学校は大きな不安のたねになってしまいます。病気の子どもにとって、そんな時、どのような「学校」と出会うのか、ここがとても大事だといえます。

この本や貝塚養護の報道番組では、子どもたちの発言で「家では話さない・話せない」「貝塚養護では話をする」「何かあったときコソコソではなく部屋会でみんなで話す」ということがたくさん出てきます。話を聴いてもらう場面と関係がほんとうに大切にされています。自然がある環境のなかでからだをいっぱい使う活動、仲間とともに創り出す活動に挑戦していくとともに、語る・聴いてもらう・聴くというコミュニケーションのなかで人を知り自分を知り、他者との共存＝生きた民主主義も学んでいくのです。

また、第2部第3章「寄宿舎の生活と育ち合い」のなかで、子どもに対する寄宿舎実践と同時に、寄宿舎の職員同士が語り合い、学び合い、実践を進めていく姿がリアルに報告されています。子どもへの共感・信頼と同時に、教職員間での同僚性が大事にされてきたことが伝わってきます。こうした教育力は、学部と寄宿舎が連携して慢性疾患の子どもに対して、教育と生活を一体的に指導し

「トトロの森」探検

てきた年月のなかで培われた病弱教育の専門性だといえるでしょう。

発達障害の専門医の立場から杉山登志郎（２０１１）は、「疾病が素因と環境因で生じる」多因子モデルを紹介しています。そして、21世紀の脳画像研究から、子どもの虐待や学校でのいじめといった迫害体験、子育て不全が、発達障害に転じ「一般的な発達障害など比較にならない程のダメージを引き起こす」「その問題の中心は愛着の形成」だと紹介しています。同時に、愛着行動のくり返しで「子どもの中に愛着者は内在化され、そのイメージの想起のみで、子どもは不安を来さなくなって」「愛着それ自体がトラウマの防御壁」になることも指摘しています。

このことを貝塚養護の実践に引き寄せて考えると、幼い頃からさまざまな生きづらさを抱え、学校だけでなく家庭でも共感的な人間関係を得ることが難しかった環境が、子どもの発達の困難につながっているけれども、共感的人間関係に支えられた豊かな生活・学習を経験することで回復していく可能性が大きいということを確信できます。

国際的な潮流である特別ニーズ教育は、診断の出た子どもだけでなく周辺のグレーゾーンの子どもまで対象にする教育です。対象を広げて教育予算を投じる理由は、「予防的対応」です。先んじて手だてを講じることで、将来的な社会的リスクを軽減できるということです。目先の費用対効果ではなく、人間の育ちの長期的展望にたった施策が求められています。

貝塚養護学校は歴史を閉じました。現状では寄宿舎のある病弱養護学校を復活させていくことは難しいでしょうが、現在、残っている特別支援学校（病弱）を大切にしてこうした子どもを守る砦として、その専門性を高めることが重要です。そして、地域のセンター的役割として、同じような子どもたちがたくさんいる通常の学校との連携を強め、真の「地域・学校・家庭のネットワーク」を広げていく。こうした子どもの青年期をしっかりと支えるため、病弱教育の高等部、高校段階の教育保障を充実させる――どの子も輝くインクルーシブ教育をつくる上でも、入院中の子どもの教育とともに、「入院するほどではない心身の健康問題」を抱えた子どものための病弱教育についても、揺ぎない確信をもって進めていきたいものです。

1 猪狩恵美子（2011）寄宿舎のある病弱教育専門機関の現状と今後の展望、北九州市委託研究報告書
2 猪狩恵美子（2013）意見書―光陽特別支援学校への併置化における「貝塚養護学校」からの「機

能移管」について―
3 大杉豊（1999）統合教育が筆者の自己像形成に及ぼした影響―ろう者としてのポジティブ・セルフ獲得の機会剥奪、SNEジャーナル、第4巻、125-138
4 大谷久美（2010）提言1 生活リズムの確立とわかる授業の実現に向けた取り組みについて、平成22年度第50回九州地区病弱虚弱教育研究連盟研究協議会宮崎大会記録、45-47
5 杉山登志郎（2011）育ちの凸凹（発達障害）とそだちの不全（子ども虐待）、日本小児看護学会誌、第20巻第3号、103-107
6 鈴木滋夫・武田鉄郎・金子健（2008）全国特別支援学校（病弱）における適応障害を有するLD・ADHD等生徒の実態と支援に関する調査研究、特殊教育学研究、46（1）、39-48
7 武田鉄郎（2012）病弱教育の現状と今日的役割、障害者問題研究、40（2）、27-35
8 永冨文久（2007）センター的機能を発揮した新たな特別支援学校づくり～発達障害を有する児童生徒の在籍増加傾向を踏まえて、日本特殊教育学会第45回大会発表論文集、152
9 福田幸子（1998）個の実態に応じ一人一人を生かす教育活動、病弱虚弱教育、38、32-34
10 坂本紀夫（2005）保護者・医療機関との連携―精神疾患のある生徒の指導（自立活動）について、全国病弱虚弱教育連盟プログラム抄録、69
11 安間芽久美（1999）学ぶことは人格形成、HANDICAP TOKYO1999秋、17-19、群青社

第3部―3

インクルーシブ教育時代の生活指導と貝塚養護学校

中部大学現代教育学部現代教育学科
湯浅恭正

はじめに

わが国の障害児教育は、「特殊教育」の時代から2007年の「特別支援教育」の制度へと移りました。この分野に関連する世界の動向が、発達の基盤に重い課題を抱える多様な子ども（被虐待等）を排除するのではなく、インクルーシブな社会の実現をめざして、いかに支援するかを探究しているにも関わらず、わが国の特別支援教育は相変わらず「障害」に限定した対応に終始しているのが現状です。

このような理解の根底には、生きづらさのある多様な子どもが暮らしている生活のあり方に、そして発達の当事者である子どもの存在に目を向けるよりも、「障害特性」に応じて、より早く自立に向かわせようとする考え方が流れています。障害のある子どもへの「特別な支援」は、問題となる行動やマイナスな行動を改善するための指導技法を用いれば解決するほど単純なものではありません。こうした考え方では、二次的な障害に苦しむ子どもや、それに連なる子どもたちを支援するために必要な知見を得ることはできません。そこには生活者への注目が欠落しているからです。生活者としての子ども理解に立つのでなければ、暮らしている生活のあり方から支援の方向を見出すことはできないと考えます。そして、この方向は当事者である子どもだけではなく、その周囲に暮らす仲間や対応する指導者・保護者を含めて「排除のないインクルーシブな生活とは何か」を探究することにつながっています。貝塚養護学校（以下、貝塚養護）の取り組みは、インクルーシブ教育が求められている現代において、改めて子どもを含めた私たちの生活のあり方、そして、そこに注目する教育のあり方を再考させてくれています。

1 生活をつくる学校と自治の教育

(1)生活指導の場としての貝塚養護

１９４８年に大阪市立少年保養所附設貝塚学園としてスタートして以来、60年にわたって取り組まれてきた貝塚養護の実践は、寄宿舎のある学校として多様な生きづらさを抱える子どもの生活をつくる場づくりの教育として評価されてきました。この実践は「障害や困難のある子どもたちの生活の下支え、生活リズムの確立、生活上の自立のための取り組み、仲間関係の形成、家族関係の調整など、24時間の生活をとらえた教育を実施し、またその可能性をもつもの[1)]」と意義づけられています。

こうした貝塚養護の取り組みは、生活指導論の流れに位置づくものです。ここでいう生活指導とは、子どもの生活を統制する立場からではなく、営まれている生活が人々を導いていくという意味で理解されてきました。「障害と発達、生活条件、生活実態に即した寄宿舎教育の理論と実践をつくり出す課題」を探究した成果の一つである『障害児の生活指導』[2]が示しているように、貝塚養護の立ち位置には常に生活指導の論理が踏まえられていたのです。この論理は、「寮母大会」「寄宿舎教職員大会」そして、今日の「寄宿舎教育研究会」に至るまで実践の土台になっています。

なお先に引いた玉村公二彦氏らの論稿で、貝塚養護の実践は「生活教育」として位置づけられていますが、この立場も広くは子どもたちの生活づくりをテーマにしてきたものであり、生活指導実践の論理に通底しています。生活指導実践と呼ばれる営みは、目の前の子どもの生活を見つめつつ、生活を支えている社会の制度・思想のあり方を視野に入れて取り組まれてきました。貝塚養護は１９８１年に「生きる力を育てる寄宿舎教育——性・喫煙・非行とかかわって」とする実践を提起しました。[3]そこでは「問題行動」を取り締まり、対策を講ずるという目線ではなく、「生き方を探る」生活指導の論理が貫かれていました。当時の「生きる力」が衰弱しつつある子どもの背景にある社会システムを問いかけようとする姿勢を鮮明に示そうとしたからです。わが国の教育政策が「生きる力」の指導を強調したのは、１９９０年代の「個性化」論が盛んに説かれた頃です。そこで主張された「たくましく生きる力」とは異なり、子どもを生きづらさの世界に追い込む時代状況と対峙して、寄宿舎での生活の基盤を整え、生きる力を形成しようとしたのが貝塚養護の実践です。

本書の歴史の部分を参照していただきたいのですが、貝塚養護は、①結核児の教育をしてきた時代から、②１９６１年に虚弱児や学校に行けない生きづらい子ども、その後、肥満児に注目し、それ以来、数多くの心身症・不登校の子どもを受け入れ、その後は、③被虐待児や発達障害が原因で、友だち関係に困難さを抱える子どもを含めた指導を展開してきました。そこには、先に指摘したように、子どもが暮らしている生活とその社会の有り様を視野に入れて、各々の時代の生活を問い直す姿勢が常に意識されていたのです。

貝塚養護の実践をリードしてきた一人・清水広美氏は、病弱養護学校の意義について、「一人ひとりバラバラに孤立化・分散化した塊なり、薄い地層となっている人との繋がりから、異なった地層の子どもたちを切り結び陶土として練り上げられた素材にまで作り上げる場……人間不信と自己不全感に苦しみぬいている現状から、他者を信頼し、自己信頼感を獲得する場」だと述べています。[4)]

学校教育の主要な課題であり続けているのが生活指導ですが、貝塚養護は病弱教育の視点から生活指導の実践の舞台に立ち、取り組みを進めてきた学校です。生活を基盤にした学校論の系譜は、フレネ教育を含めて内外ともに少なからず取り上げることができます。それらはいずれも抽象的な生活ではなく、子どもの生活現実と社会を見据えて暮らしをつくりあげていく生活指導の論理に立つものです。貝塚養護の学校閉鎖からかなりの時が過ぎましたが、新自由主義の生活が席巻する今をどう把握して生活指導を進めるのかが問われています。その意味でも、60年の歴史の中で、貝塚養護が生活指導の思考形式として大切にしてきたものを再発見することが求められています。

(2)自治（集団づくり）の教育への提起

寄宿舎の生活づくりを基盤に進められてきた貝塚養護の実践は、自治的な生活をつくる生活指導実践として評価されてきました。わが国の戦後の生活指導実践の主要な流れの一つに「集団づくり」の理論を土台にした全国生活指導研究協議会（全生研）による取り組みがあります。当時、学校における生活指導を自治の教育の側面から提起していた全生研の動向が貝塚養護の実践に大きく影響していました。そこでまず、全生研における動向に触れて自治の教育のとらえ方を検討しておきたいと思います。

１９５０年代の末に全生研が発足して以降、「障害児教育と集団づくり」の取り組みは、主に養護学校等の寄宿舎の指導員の実践を取りあげて探究されてきました。その成果をまとめたのが１９８４年の『障害児の集団づくり』（全生研常任委員会編、明治図書）の提起です。その中心になった平井威氏は青鳥養護学校寄宿舎の実践を検討し、「寄宿舎での部屋集団が舎の自治組織の単位集団として位置づけられること、公的交わりの指導を中心とした自治的活動が展開され、行事が部屋を基礎とした自治的活動として位置づけられ、また生活目標の取り組みを通した集団づくりが進められてきたこと、生徒と教師の共同による自治的世界が探究され、教師は指導者として集団の外側にいるのではなく、部屋の一員となって核的に存在していること」（平井威「公的交わりの指導を中心とする、生徒と教師の共同による自治的世界（提案）―青鳥養護寄宿舎実践を考える」『生活指導』№３２５、１９８４年）などを特徴づけています。

ここには第一に、子どもの基礎集団としての部屋集団の意義が明確にされ、第二に、いわゆる自治能力の基礎として「公的交わり――私的交わりとは異なり、集団の意思、必要と個人の関係」の形成が障害児の指導の課題であることが指摘されています。そして第三には、寄宿舎の教師の立ち位置として「なかまとともに生活する」核（リーダー）の意義が浮き彫りにされています。このように自治の教育は、単に自治の組織というだけではなく、生活における基礎集団＝居場所づくりを大切にし、また集団におけるトラブルを私的な次元ではなく公的なものとしてとらえること、そして指導者もともに暮らしに参加する意味など、総じて生活づくりの実践として位置づけられていたのです。

貝塚養護においてもこのような理論は、実践の土台になっていました。貝塚養護で大きな役割を果たした一人・大藤栄美子氏は１９７０年代の初めまでは「自治活動は活発に行うことができた」とする一方で、それ以降、身辺処理のつまずき、友達関係における困難さ、さらに本人自身に困難さが意識できない状況など、自他への基本的な信頼や交わりの力の課題を指摘し、寄宿舎の生活指導のあり方を問いかけていました。[5] そして不登校の子どもへの取り組みを中心にした実践論として、心と身体の健康を取り戻すための日課の意義を取り上げつつ、日課表の流れにそって、自由時間の中に部屋ごとの取り組みがあり、消灯までは語り合いとぶつかりあいが続くこと、生活の流れのすべての部分に子どもが主体者となり、運営に参加するシステムがあることを特徴づけています。こうした日常の生活づくりを基盤として自治活動とその組織が意義づけられて、寄宿舎を通した自治の教育が展開されていたのです。

すでに述べたように、開校以来多様な発達・生活の課題を抱える子どもを引き受けてきた貝塚養護ですが、そこには子どもに安心と信頼の基盤である集団を保障し、問題となる多様なトラブル・行動を個人の次元にとどめるのではなく、公的な関係の中でとらえ直す力を育てる指導が貫かれていました。それは、「個人的なもの」は「政治的なもの」としてよく語られてきた議論が示すように、一人ひとりが抱える課題を生きている関係性の中でとらえることを指導者のみならず、当事者である子どもが意識することを大切にした取り組みでした。こうした力が自治の世界をつくる力だとすれば、貝塚養護の生活指導観は、時代と学校種は異なりつつも、今日の学校教育に欠けている生活指導への展望を発見する重要な糸口となるものだと考えます。

(3)生活づくりを支える活動

自治の視点から生活をつくり出そうとした貝塚養護の取り組みは、住みよい社会をつくる社会制作の試みでもありました。この試みを支えていたのは活動の質です。寄宿舎の生活、そして日中の学校の生活を通して展開される種々の活動を媒介にしなければ、先に検討してきたような仲間関係をつくり、子どもを生活の主体者に育てることはできないからです。貝塚養護の活動の特徴は本書に詳しく示されていますが、「本校の教育」としてまとめた記録には、学校での取り組みが総括されています。[6] そこでは、学力の向上・自主的で自律的な生活態度・自己理解といった柱が立てられていています。そして単に教科指導だけではなく、総合的な学習の時間を通して、環境学習や国際理解教育にも取り組まれていたのです。

こうした活動の中で興味深いのは、第一に、「自分で判断」「参加の方法を一緒に考える」「その日の様子を見ながら臨機応変に」といったように、教師が子どもとともに活動をつくり出していることです。むろん、それは「教科学習に入る以前の段階の子ども」という特別なニーズに注目した視点でした。しかし、それは同時に当事者である子どもの納得と合意のもとに活動を構想しようとする姿勢の表れだとも考えられます。自己決定の世界から遠ざけられてきた子どもに対して、自分で経験することの意識をもたせようとするからです。自己決定の力が育つためには、選択の自由がなければなりません。運動会や芸術鑑賞会への参加で、参加しない自由を認めつつ、参加できる見通しをともに考えていく取り組みを進めているのも、自己選択の世界を体験させようとしたからです。そして、日課の流れも子どもの体調とともに柔軟に変化させる視点など、常に子どもの世界に教師が参加して活動を展開していく論理が示されていたのだと思います。

第二には「自立活動」の位置づけです。この指導領域は、1970年代に「養護・訓練」として始まったものです。実際、貝塚養護においても、「心身症児教育」を進める一環として「全国の養護・訓練」の調査を実施しています。そこでは、「労働的・家庭科的活動」「スポーツ的・身体的活動」「創作的・表現的活動」、さらに「養護的内容・発表会」が全国的に取り組まれていることを示し、こうしたカリキュラム研究が貝塚養護の実践の基盤になっていたのです。そして、「養護・訓練」が「自立活動」の領域に変わっても、活動内容は継続していきました。

一般にこの領域名の変更は、訓練的要素の強い目標から、障害児が主体的に自立をめざす目標へという趣旨でなされたとされています。しかし、先に見たように貝塚養護では「養護・訓練」の時代から多様な活動を基盤にした実践を展開していました。そこには種々の活動が、子どもの主体的な発達を推進する源泉であることが意識され、人格的な自立をめざす取り組みが展開されていたといえるのではないでしょうか。

教育課程論としても、単に領域の名称を変更すればよいというのではなく、どのような子どもを育てるのか、子ども像の探究とそれに必要な活動が、どれだけ実践の場で議論されたかが問われています。近年の教育政策でもキャリア教育など、次々に新しい教育的課題が打ち出されてきましたが、それに振り回されずに、貝塚養護の取り組みから示唆されるように、それこそ教師集団が自主的に教育課程を構想することが必要です。その際、例えば「農芸活動」では作業を通して「群れることの体験」が重視されているように、その時代の子どもの発達課題を鮮明に意識した活動の構想が求められています。人格的自立に必要な課題を常に意識しているからこそ、領域名に関わらず教育実践として大切にすべき論点を鮮明にした取り組みを展開することができるのです。

以上のような貝塚養護の学校生活における活動論は、いわゆる「学校的な文化」のもつ「上から目線」ではなく、暮らす子どもとともに生活をつくり出そうとしたものであり、その姿勢は寄宿舎における活動論に通底しています。その一つがすでに指摘した自治的活動論であり、また「畑仕事」などの労働の活動です。1992年に寄宿舎教育の取り組みを考察した楠凡之氏が当時の「勤労体験学習」のもつ「教育的眼差し」ではなく、「自然や労働への参加」論を意義づけているように、[7]学校的文化と制度が要求する世界を相対化して、子どもの自立に必要な視点から活動が構想されていました。この自立を支えるのが学びと自治であり、例えば、自治組織の一つである「園芸指導部」が発行するニュースが契機になって、日本の農業問題などに子どもの話が発展しています。こうした寄宿舎での学びと自治の体験が、先に特徴づけた学校での学びを豊かなものにしていったのです。活動論では少年期の時代に求められる遊びもポイントです。大藤栄美子氏は「鬼のいない缶蹴り」

として、自分たちでは「遊べない」状況を指摘していました[8]。それは単に遊びを知らない未発達の子どもという意味ではなく、遊びという心身を投入して世界をつくることができる経験から疎外されて、「……でなければならない」という支配された関係に生きてきた子どもの底にある要求を発見しようとしたものだといえましょう。寄宿舎では「特別ルールの球技大会」が展開しています。ありきたりのルールではなく、自分たちに必要な遊び（競技）の世界をつくり出せるのだという経験を大切にしようとしたからです。このように貝塚養護の活動論は、今日の学校教育の世界に必要な論点を鮮明に示しています。

2 インクルーシブ教育としての貝塚養護の実践

(1)開かれた場づくりとしてのインクルージョン

特別なニーズのある子どもへの対応として、分離（セグレゲーション）から統合（インテグレーション）へ、そしてインクルージョン（包摂）へとその理念は推移してきました。それに応じるように共生社会の実現というのが、今日のわが国の教育政策の柱の一つとして強調されています。「包摂」とされるインクルージョンは、多数の側が少数者を排除せず包み込むという意味で理解されてきました。しかし、そこには包み込むという名の「同化」論の危険性があることを見逃してはなりません。

今日盛んに指摘されている「ゼロ・トレランス」論は、子どもたちの問題行動を封じ込めて、学校・

学級に適応＝同化することを第一義的に考える立場です。貝塚養護には学習障害と呼ばれる子どもたちも在籍していました。こうした子どもは、今でも通常の学校では「学習困難な子」で、教室を立ち歩くような多動な子に比べて、静かに机に座ることができる子として理解されがちです。そこには問題を起こさなければ適応しているとする同化論が根底にあるのです。学習困難へのニーズは理解されず、同化という名の排除の立場が見て取れます。

私たちが考えるインクルージョンの世界は、こうした包み込む＝同化論ではなく、すべての子どものニーズである発達する権利への要求に応え、そこに開かれていく教育をめざすものです。貝塚養護に在籍してきた不登校の子どもたち、そして、開校当初からの子どもである多様な病気のある子どもたちは、「通常」の学校から見れば「特別な場」に在籍しています。それは排除の論理ではなく、こうした子どもたちの発達への権利要求に応える場に開かれたものだと考えます。

しかし、貝塚養護のような特別な場での教育をめぐっては、生活し、学ぶ場が通常から分離していること自体、すでにインクルーシブな教育ではないとするとらえ方が多いのも事実です。むろん、今日は問題を起こす者や学力の低い者を「特殊学級に送るぞ」などという声はあからさまには語られない時代ですが、こうした理解は未だに残っているのではないでしょうか。その意味では、場の分離論への批判は妥当なように見えます。しかし、そこには当事者の視点はどう反映しているのかは見落とされていないでしょうか。通常の学級においても特別な支援の体制はとることができるので、分離した場は平等論からすれば問題だという声は妥当なように見えて、そこに当事者のニーズがどこまで理解されているのでしょうか。特別な支援は、通常の学校生活において子どもたちの中に「差異」を鮮明にすることでもあります。ともに学校生活を営む中で生ずる差異を子どもたちが引き受けて、互いに住みよい生活をつくり出そうとする視点が欠けるとすれば、差異への注目は容易に排除の論理に結びつくことになります。

これに関連して、インクルーシブ教育論では、ユニバーサルデザイン論も関わって、差異が際立つ子どもには通常のレベルについていけるように「補う教育をすべきだ」とする理解が進んでいます。しかし、ここでもその対応の仕方は、問題を抱える当事者の願いに応えることになっているのでしょうか。差異を補われる対象として周囲から理解される状況は容易に予想することができます。

小学部の他校との交流・大縄跳び

以上のように特別な場での特別な支援が当事者の権利要求に応える論理として成立するのは容易ではありません。容易ではないからこそ、貝塚養護の取り組みが示唆しているように、特別な場での対応が困難さを抱える子どもたちの人格的自立の場になる論理を丁寧にすくいだしていくことが求められています。それは世界の特別ニーズ教育論が提起するように、特別なケアへの権利に開かれた場をインクルーシブ教育の一環としてとらえることです。

貝塚養護の廃止が議論された時期に、貝塚養護に長らく勤務した長岡千代子氏は「(通常学校での指導)ができないから、みんな貝塚に来たのではないか、みんなわかっていない」という卒業生の声を紹介し、「傷ついて決意してやってきて、貝塚で育ってきてよかった、出会ってよかった」という寄宿舎生活の意義を強調しました。[9] この声は、通常の学校が陥っている効率・成果主義への批判であり、それは今日の学校が求める「エビデンス」に支配された教育への批判に連動しています。こうした教育の流れは、子どもたちから自分が引き受けることのできる世界に一歩を踏み出す希望を奪うものです。

通常の学校において一人の生きづらさを抱えた子どもの周囲には、何人もの困難さをもつ子どもたちがいます。貝塚養護の子どもたちの問題は、通常の学校で生活する多くの子どもの問題につながっているはずです。障害児を含めて自立支援に特別な配慮を要する子どもにとって必要な学校の論理を探る——そこから通常学校を改革するための多くの示唆を得ることができるのだと思います。生活や学びの場は離れていても、すべての子どもたちに開かれ、つながりあうことのできる世界とは何か、その探究が改めて求められています。インクルーシブ教育は、通常(Ordinary)の教育を絶対化するのではなく、共に生きる(Common)世界を創造することだからです。[10]

なお貝塚養護だけではなく、今日の特別支援学校は、その教育条件において制度的保障が極めて乏しく、多くの困難さを抱えています。しかし、それを理由にして「特別な場での指導よりも通常の学校を」という議論にはなりません。2007年から特別支援教育の時代になって以降、特別支援学校等への入学希望が増加している状況は、通常学校での生活の質が問われていることを示しているからです。それだけに、特別支援学校の量的・質的充実が切に求められるますし、そこに目を向けることが通常学校のあり方をも問い直す契機になると考えます。こうした見地から、貝塚養護が提起した視点を検討することが必要です。

⑵居場所づくりとしてのインクルーシブ教育

本来、学校が子どもたちにとって生活の根拠地の一つであるとすれば、すでに述べてきたように、そこは住みよい生活の居場所としての空間と時間が存在するはずです。しかし、制度として組織されてきた学校は、そこに適応できにくい子が排除されやすい文化的な装置が仕組まれている時間と空間です。こうした、制度としての学校の時間と空間を受けとめることが困難な子どもを「あたりまえ」の学校に同化させるのではなく、居場所を探すプロセスを大切にする取り組みが期待されています。

インクルーシブ教育は、子どもたちが居場所探しに取り組むことを課題にしています。この居場所探しは、安心できる避難所としての空間を経て、生活の根拠地となる空間を探す取り組みです。それは例えば、幼時期に被虐待の生活を過ごして小学校に入学してきた子どもが、通常の学級に適応できずに、特別支援学級や保健室をまずは居場所として過ごし、しだいに通常学級での生活に踏み出すことができた事例に示されています[11]。むろん、生活の根拠地は安定したものではなく、この事例の子どもは通常学級に居場所を見つけつつ、同時に支援学級にも出入りするなどの生活を繰り返しています。

このように居場所探しの過程を大切にし、また居場所となる空間は単一ではなく、複数存在することを確認することが必要だと考えます。貝塚養護が居場所探しの機能をもつ場として意義づけられてきたのはそのためです。そして、貝塚養護の「試験通学」と呼ばれた取り組みは、居場所探しの過程にこそ、こうした子どもたちが迷いながら生活を選択し、自立に向かうための重要な鍵があることを示唆しています。

居場所論について竹内常一氏は、「一人ひとりの子どもが『当事者主権』にもとづいて自分の必要＝要求の実現を試みる『場』、自分の必要＝要求が社会的に承認される『場』、つまり『ベースキャンプ』『根拠地』としての実質をもつ」[12]ことを指摘しています。寄宿舎のある貝塚養護の取り組みの意義は、生活の根拠地となる場づくりにあるのです。病弱養護という特別な場でありつつ、その当事者である子どもにとっては、生活の根拠地であり、そこに開かれた空間をつくる、そこにインクルーシブ教育の課題があるのではないでしょうか。

とはいえ、通常の学校から離れ、また生活の場の選択と移動など、貝塚養護の子どもたちにとっての日常は、常に生活する環境を意識し、自分と向き合うことの連続であり、それが生きづらさを増幅させていきます。それだけに教師たちは本書の実践に示されているような、子どもの多様な問題行動を示す姿に直面することになるのです。そこでは、学校での支配的なルールや常識的な子ども理解を越えて、子どもたちの要求を発見して実践を組み立て、自由な世界をつくり出すことが指導者には要請されています。先にあげた竹内氏は、居場所とは、「人びとがつながりをつくりあげることをとおして、それに関わるすべてのものに自由と平和を与える『場』」だと指摘しています。[13]貝塚養護に暮らす子どもだけではなく、教師集団にとっても、つながりをつくり、ともに居場所を探す過程を通して、自由と平和のある生活とは何かを探ることを課題にしてきたのだといえましょう。

こうした居場所づくり論は、単に貝塚養護だけの課題ではなく、通常の学校におけるそれとして引き取らなくてはなりません。通常の学校・学級に適応しているように見える子どもたちこそ、多様な必要と要求をもち、それを語ることのできる場を求めているからです。現代が求める共生社会というインクルーシブな社会づくりの論理とは何かということを貝塚養護の居場所論は示唆しているのです。

3 困難さをもつ子どもに挑む教師の専門性

「教育における指導とは何か」は、教育実践論として繰り返し議論されてきたテーマであり、本稿で特徴づけてきた生活指導の指導観も、control・direction・guidance などの概念とともに検討されてきました。そこでは、生活指導に関わる専門性とは何か、そして生活指導の実践主体として成長するとは何かが問われてきました。以下では、貝塚養護の取り組みが今日の教師の専門性として何を示唆するのかを検討してみたいと思います。

(1) 指導における「壁」と相互主体の論理

寄宿舎のある貝塚養護における取り組みは、傷ついてきた子どもたちにとって単に癒しの空間を確保しようとしたのではありません。例えば大藤栄美子氏は、寄宿舎生活における「壁」を強調し、その壁を乗り越える過程が自立の力に資することを指摘していました。[14] 日課の確立や寄宿舎での仕事、そして、自由時間が設定されていながら課題に取り組まなくてはならない生活に、子どもからは「ここの自由時間、不自由時間と書き直せ」などという声が出るほどでした。[15] こうしたエピソードをはじめとして貝塚養護の取り組みには、今日なお揺れている「指導」とは何かを再考するための鍵があります。

今から30年ほど前に行われた貝塚養護への聴き取り調査の記録では、[16] 指導論に関わって、「待つ」ことが取り上げられています。そこでは「待っていても育たない」という論点、そして、寄宿舎における指導の「父性的側面と母性的側面」等が指摘されていました。職員からは「日課をとことんやる、請負自治会をやる、もう押しつける」等の発言が記録として残されています。そして、不登校に関わっては、試験通学という形で子どもに課題を背負わせて、逃げさせないことが、学校に通わなくても許すという立場とは違うこと、作業の場面では、押しつけている活動でも、それをやっているうちに面白さが楽しさに転換することが貝塚養護にはあること、などが指摘されています。

通常学校での不適応の子どもたちに対して、あえて貫かれたこうした指導の軸が成立したのは、第一に子ども自身に育つ力への信頼があったからです。押しつけられた活動ではあっても、そこに取り組む過程で、支配されてきた世界から自分と向き合い、自分たちが世界をつくり出せる楽しさと、自由への見通しをもつことができるという確信が指導者にはあったのだと考えます。「子どもたちの心のなかに『こうあらねばならない』という、こりかたまった『ものの見方』がある場合でも、いろいろな形で自分の感情を解放していく方法を学んでいくと、登校しづらい心境になっても、その心境を抜けだせる術を自分自身で見つけていく」からです。そして、その過程での指導の意義も見逃すことはできません。それは、押しつけられた形でも、作業等の過程で「見捨てない」という姿勢で、個人指導が徹底して貫かれていることです。「自分一人のために職員がぴったりと寄り添ってくれる」体験の積み重ねが、自己の解放の条件になっているのです。

第二には、支援という働きかけではなく、相互に主体となる世界をつくり出すことが求められるという指導観が大切にされてきたからです。特別支援教育の時代になって以降、特別なニーズのある子どもには生活や学習の環境を整えて、できる限りこうした子どもたちが問題状況に陥らない工夫をすることが強調されてきています。もちろん無用のトラブルを避け、生活を管理することは教育の世界では前提ですが、こうして環境を整える論理が、果たして子どもたちの主体の形成に結びつくのかどうかが問われています。押しつけられた活動は、容易に管理主義に移行するのです。同時にこうした環境の整備論は、子どもたちをソフトに管理することになる危険性を孕んでいることが見逃されてはなりません。いずれの立場にも、主体として育つ子どもの力を信頼して指導者自身が主体になって子どもの前に立つ、その姿勢に子どもたちも応えて主体になっていくという循環＝相互主体の論理が欠けているのです。相互主体の関係を築こうとした貝塚養護の立ち位置を改めて確かめておきたいと思います。

(2) 指導者としての成長と越境

学校教育を担う教師にとって、指導者としての成長—教育実践の主体として—は大きな課題であり、教育政策としても実践的指導力の育成が繰り返し強調されてきています。しかし、この点に関する最近の議論を見ると、例えば教育のスタンダード化論の展開のように、果たして実践の主体としての教師の生甲斐の形成がどれだけ視野に入れられているのか、疑わしいのが現実です。

貝塚養護の教師たちは、教育実践＝教育的指導が「価値をめぐる闘いとしての指導」[17]と特徴づけられた時代を象徴する論理の中で、指導者としての成長を考えていました。とりわけ寄宿舎の職員集団は、「貝塚寮母集団の討議は、たまには修羅場になる」[18]と指摘されているように、常に子どもたちの生活づくりに関する価値をめぐって闘いの討議を展開していました。そこには、貝塚養護の歴史の中で、子どもの事故死という極めて重たい事実など、常に生活の管理が問われつつ、どう生き方の指導を展開するかという価値をめぐる議論を大切にしてきた職員集団のポリシーが示されています。

こうした価値をめぐる闘いの議論は、単に寄宿舎の生活だけではなく、日中の学校における教育目標・内容・方法をめぐっても展開されていたはずです。それだけに、改めて貝塚養護における教育実践の成立が、どのような教師集団の議論の中で展開されたのか、それが今日の学校教育における実践主体としての私たち教師の成長論にどう示唆するのかが問われています。

なお、こうしたポリシーは貝塚養護だけではなく、例えば、１９６０年代のびわこ学園の取り組み[19]（夜明け前の子どもたち）においても、施設にいる子どもたちの日光浴をめぐって、命の管理をめぐる激しい討議が展開されていたことにも通底しています。制度としての学校という時間・空間から離れた位置で展開された取り組みが、特殊なものではなく、先に触れたようなスタンダート化に走る今日の行方を省察するための「光」となるに違いありません。貝塚養護はその歴史を閉じて、教育の場は移管した新しい学校に引き継がれました。それを体験した職員や子どもたちは、貝塚養護が保障してきた「話し合い」のある生活を新しい学校においても当然のように求めました。ここにも貝塚養護が大切にし、その生活が形成した価値の意義を見てとることができます。この点は本書における移管後の状況を参照していただきたいと思います。

運動会、ぬいぐるみを着て参加

　貝塚養護の職員は、福祉の制度に関わる側面にまで気持ちを向けて実践を続けてきました。そこには縦割りの制度を超え、いわば専門性を「越境」して困難な状況にある子ども・保護者への支援を展開しようとした姿勢が示されています。こうした姿勢は、制度に沿って対応する枠を超えることだけに取り組む者にとってはある種の「危うさ」を伴います。「ヴァルネラビリティ＝傷つきやすさ」を引き受けていく姿勢が根底になくては取り組むことはできません。このよう姿勢を持ち続けてきた源泉は何かを考えることによって、今日の学校教育を担う者に欠けている課題が浮き彫りになるのではないでしょうか。

貝塚養護で過ごしてきた子どもたちは、教師の姿勢を「怖い」などと表現しつつ、信頼が土台に根付いていたことを指摘しています。そこには危うさはありつつも、子どもたちの生活に参加し、ともに生き方を探ろうとした取り組みの意義が示されています。むろん、こうした貝塚の取り組みが、ある種の共同体主義に陥ることも否定できません。今日の学校において貝塚養護の「越境的な教師集団の姿勢」を踏まえた教育実践の共同体の機能を、どう発展的に継承していくのかが問われています。

注)

1) 玉村公二彦・山崎由可里・近藤真理子「病弱教育の歴史的変遷と生活教育——寄宿舎併設養護学校の役割と教育遺産」『和歌山大学教育学部教育実践総合センター紀要』№22、2012年、147-152頁

2) 永田一視・三島敏男編『障害児の生活指導』ひまわり出版、1978年、2頁

3) 三島敏男・林晴美編『育ちあう子ら——寄宿舎教育の創造をめざして』ひまわり出版、1981年、292-316頁

4) 清水広美編『不登校・登校拒否の子どもの教育実践リポート=病弱養護学校における取り組み』私家版、1990年、2頁

5) 大藤栄美子「養護学校寄宿舎における登校拒否児へのとりくみ」『障害者問題研究』第55号、1988年

6) 大阪市立貝塚養護学校「寄宿舎に在籍する肥満・心身症児の心理的援助に関わる実態把握のあり方と調査研究」㈶みずほ教育福祉財団障害児教育研究助成事業　障害児教育研究論文――平成16年度、2005年
7) 楠凡之「人格発達論的視点からのアプローチ」大藤栄美子・楠凡之・藤本文朗編『登校拒否児の未来を育む』大月書店、1992年、194頁
8) 大藤栄美子「寄宿舎の〝寮母〟として　病弱の子どもとともに歩んできた28年」寄宿舎教育研究会『障害児の生活教育研究』第5号、1992年、13頁
9) 長岡千代子「『貝塚養護学校の学校指定の停止』の撤回を要望いたします」大阪市立貝塚養護学校の子どもと教育を守る会編『こころと命の学校――貝塚養護学校の存続・発展を願って』2006年、私家版
10) 竹内常一『暴力を越えて平和の地平へ――教育を変える』桜井書店、2000年、167-172頁
11) 湯浅恭正・越野和之・大阪教育文化センター編『子どものすがたとねがいをみんなで』クリエイツかもがわ、2011年
12) 竹内常一「生活指導におけるケアと自治」竹内常一・折出健二編『生活指導とは何か』高文研、2015年、95頁
13) 竹内、同上論文、94頁
14) 大藤栄美子「幸せに生きる力を」大藤栄美子・楠凡之・藤本文朗編、前掲書、109頁
15) 大藤栄美子さんをしのぶ会・寄宿舎教育研究会『大藤栄美子の実践記録――「寮母」時代』私家版、2012年、52-53頁
16) 白井利明「養護学校における登校拒否児の取り組み――寄宿舎における教育実践を中心にして」日本

教育学会・現代社会における発達と教育研究委員会『現代社会における発達と教育』第４集、１９８６年、１８２〜１９４頁、以下の引用はこの論文による。

17）増山均「教育実践における指導の概念」『講座現代教育学の理論』青木書店、１９８２年

18）大藤栄美子、前掲8）論文、14頁

19）びわこ学園から学ぶものとしては、田村和宏・玉村公二彦・中村隆一編『発達のひかりは時代に充ちたか？』クリエイツかもがわ、２０１７を参照。

あとがき

「寄宿舎のある小さな学校からの発信を、現代の学校教育に求められている課題として学ぼう」――この思いを大切にする関係者が集い、半世紀以上の歴史をもつ貝塚養護学校の取り組みを振り返ることになりました。そのために「貝塚養護学校の実践を考える会（以下、「考える会」）を立ち上げ、刊行の準備を進めてきました。

そもそも「教育実践」とは、実際に展開された取り組みの事実を指すだけではありません。各時代の状況に対峙する軸を示し、また次の時代の行方を展望するための論理を突き出していく創造的な営みです。貝塚養護学校の教育実践は、わが国の教育界において、こうした創造的な営為を示してきた貴重な成果の一つです。

1872（明治5）年の学制以来、近代学校がそぎ落としがちだった「幸福に生きる生活を営む権利」の保障をめざす学校とは何かを模索し続けてきた貝塚養護学校の実践は、21世紀中盤から後半にかけての行方を展望する論点を示しているのだと思います。そこには、「学びの場」であるとともに、みんなが出会い、出会い直して暮らす「生活の場」=「学舎としての学校」を構想する意義を見てとることができます。

この「考える会」は、組織的なものではなく、生活づくりを中心に取り組みを進めてきた貝塚養護学校の実践を省察する有志の集まりです。自由な温かい雰囲気の中で何度も集まり、省察する機会をもちました。もちろん「考える会」での議論の中心は刊行に向けての論理の整理です。しかし、多様な実践の事実をジグザグしながら、行きつ、戻りつする議論の繰り返しでした。そこに参加した猪狩恵美子さんと私は、子ども理解や教育実践の方針などをめぐる、こうした飽くなき追求の姿勢が、貝塚養護学校の子どもたちや保護者との信頼関係を紡ぎながら、教職員の教職生活への生きがいを支えてきたのだと、つくづく実感したものでした。そこは決まりきった用語で、子どもや実践の解釈が語られるのではなく、じっくりと丁寧に思いや願いが語られていく場でした。

そして、当時の実践を振り返る議論のはずが、今日の学校教育の深刻な現実をとらえ直し、これからの実践の課題を照射する議論にまで発展していたこともしばしばありました。それは、2007年の特別支援教育制度の開始の時期に、その役割を閉じた入学停止以降、「貝塚養護学校が対象にしていた子どもたちは、いったいどこで生活し、学んでいるのだろうか？」といった議論がよくなされてきたことに現れています。「子どもたちの今」を問い直す生々しい問題意識が、この「考える会」の議論の基盤になっていたのだと思います。改めて「教育実践を批評し、創造することのできるコミュニティとは、こういう場なのだな」と考えさせられました。

貝塚養護学校の実践については、寄宿舎教育や病弱教育の分野で、すでにいくつかの総括がなされてきています。「考える会」に集われた貝塚養護学校の先生方は、それぞれが病弱教育論や発達障害論などの専門的な知見を踏まえた取り組みを進められた方々です。それだけに、生活指導を含めた教育方法学という分野をテーマとする私にとって、この会での議論は貴重なものでした。

「考える会」を立ち上げて、本書を刊行するきっかけとなったのは、私が大阪市立大学に在職していたこともあり、２０１２年の5月に大阪府岸和田市の清水広美先生宅に訪問して、貴重な歴史的資料を拝見しながら、貝塚養護学校の実践から学ぶ企画をご相談したことです。それ以来5年の歳月が過ぎ、やっと刊行にこぎつけることができました。この間、田中賀陽子先生には「考える会」の場の設定などの調整役を担ってくださり、刊行をリードしていただきました。「考える会」の方々はもとより、この企画に対して多岐にわたりご協力いただきましたみなさんに、会の一員として感謝申し上げます。ただ、この会の議論にいつも参加してくださり、貝塚養護学校の職員のご経験を踏まえて貴重な示唆を与えていただいた織田武文先生にこの刊行をお伝えすることができず残念でなりません。ここに謹んで刊行をご報告させていただきます。

最後になりましたが、この企画・編集等について、貴重なご教示をいただいたクリエイツかもがわの田島英二さんに厚くお礼申し上げます。

２０１７年12月

編者を代表して　湯浅恭正

●編者プロフィール

猪狩恵美子（いかり　えみこ）
1950年大分県生まれ。1973年より東京都立養護学校教諭。福岡教育大学教授を経て、現在福岡女学院大学教授。
専門：特別ニーズ教育・病弱教育・肢体不自由教育・訪問教育。全国病弱教育研究会会長。
主な著書に『病気の子どもの教育入門』（共著・クリエイツかもがわ、2013）、『テキスト肢体不自由教育－子ども理解と教育実践』（編著・全国障害者問題研究会出版部、2014）、『教師のための教育保健学』（共著・東山書房、2016）

楠 凡之（くすのき　ひろゆき）
1960年大阪生まれ。1989年　京都大学大学院教育学研究科後期博士課程満期終了。現在、北九州市立大学教授。
専門：臨床教育学。
主な著書に『気になる保護者とつながる援助』（かもがわ出版、2008年）、『自閉症スペクトラム障害の子どもへの理解と支援』（全障研出版部、2014年）、『虐待・いじめ　悲しみから希望へ』（高文研、2013年）　など

湯浅恭正（ゆあさ　たかまさ）
1951年島根県生まれ。1979年広島大学大学院教育学研究科博士課程退学。徳島文理大学・香川大学・大阪市立大学を経て、2015年10月から中部大学現代教育学部教授。
専門：特別ニーズ教育論・教育方法学。全国生活指導研究協議会研究全国委員・日本教育方法学会等に所属。
主な著書に『困っている子と集団づくり』（編著・クリエイツかもがわ、2008）、『子どものすがたとねがいをみんなで』（共編著・同、2011）、『自立と希望をともにつくる』（共編著・同、2016）、『教師と子どもの共同による学びの創造』（共著・大学教育出版、2015）

貝塚養護学校の実践を考える会
（かいづかようごがっこうのじっせんをかんがえるかい）
連絡先／kayoko-tanaka.egao@hotmail.co.jp

＊第1部・第2部の執筆および協力者（五十音順）
井原規夫、江口昌史、織田武文（2017年1月逝去）、織原太郎、橘岡正樹、蔵本真規子、黒川啓、佐藤薫、清水広美、田中英子、田中賀陽子、三木知恵子・福池あき子・横山公美

仲間とともに育ちあう貝塚養護学校
寄宿舎のある病弱養護学校の実践記録

2018年2月20日　初版発行

著　者●猪狩恵美子・楠　凡之・湯浅恭正・
　　　　貝塚養護学校の実践を考える会

発行者●田島英二　info@creates-k.co.jp
発行所●株式会社 クリエイツかもがわ
　　　　〒601-8382 京都市南区吉祥院石原上川原町 21
　　　　電話 075(661)5741　FAX 075(693)6605
　　　　http://www.creates-k.co.jp　info@creates-k.co.jp
　　　　郵便振替　00990-7-150584
装丁・デザイン●菅田　亮
印刷所●モリモト印刷株式会社
ISBN978-4-86342-233-9 C0037　printed in japan

好評既刊

あたし研究　自閉症スペクトラム～小道モコの場合 1800円
あたし研究 2　自閉症スペクトラム～小道モコの場合 2000円

小道モコ／文・絵

自閉症スペクトラムの当事者が「ありのままにその人らしく生きられる」社会を願って語りだす―知れば知るほど私の世界はおもしろいし、理解と工夫ヒトツでのびのびと自分らしく歩いていける！

行動障害が穏やかになる「心のケア」
障害の重い人、関わりの難しい人への実践

藤本真二／著

感覚過敏や強度のこだわり、感情のコントロール困難など、さまざまな生きづらさをかかえる方たちでも、心を支えれば乗り越えて普通の生活ができる　2000円

何度でもやりなおせる　ひきこもり支援の実践と研究の今

漆葉成彦・青木道忠・藤本文朗／編著

ひきこもり経験のある青年、家族、そして「ともに歩む」気持ちで精神科医療、教育、福祉等の視点から支援施策と問題点、改善と充実をめざす課題を提起。

2000円

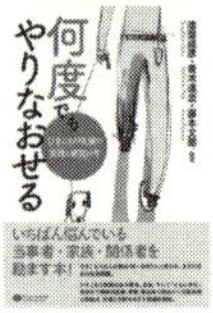

〈しょうがい〉と〈セクシュアリティ〉の相談と支援

木全和巳／著

保護者、学校の教員、施設職員などからの相談事例を通して、すぐに解決できる「手立て」だけではなく、当事者の視点に立ちながら、「どうみたらよいのか」という「見立て」と「共感的理解」を学びあう。　1800円

生活をゆたかにする性教育　障がいのある人たちとつくる こころとからだの学習

千住真理子／著　伊藤修毅／編

学びの場を保障し、青春を応援しませんか。障がいのある人たちの性教育の具体的な取り組み方を、実践例と学びの意義をまじえて、テーマごとに取り上げる。

1500円

よくわかる子どものリハビリテーション

栗原まな／著

リハビリを必要とする子どもの家族、施設や学校関係者などの支える人たちへ、検査方法やどんなスタッフがどのように関わるか、疾患別にみたリハビリテーションなど、基礎的な知識をやさしく解説。　1400円

病気の子どもの教育入門

全国病弱教育研究会／編著

入院している子どもたちが学ぶ「病院の中の学校」を知っていますか？
子どもに寄り添い、不安を取り除き、命が輝く教育実践を教科ごとに紹介し、病気の理解と配慮、医療との連携など、教育システム改革を提起。　2200円

［本体価格表示］